Truques da escrita

Coleção
ANTROPOLOGIA SOCIAL

fundada por Gilberto Velho | dirigida por Karina Kuschnir

Howard S. Becker

Truques da escrita

Para começar e terminar teses, livros e artigos

Tradução:
Denise Bottmann

Revisão técnica:
Karina Kuschnir

7ª *reimpressão*

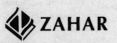

Copyright © 1986, 2007 by The University of Chicago

Tradução autorizada da segunda edição revista, publicada em 2007 por The University of Chicago Press, de Chicago, Estados Unidos

O primeiro capítulo deste livro foi publicado numa versão ligeiramente diferente em *The Sociological Quarterly* vol.24 (outono 1983) e é reproduzido aqui com a permissãoda Midwest Sociological Society.

Grafia atualizada segundo o Acordo Ortográfico da Língua Portuguesa de 1990, que entrou em vigor no Brasil em 2009.

Título original
Writing for Social Scientists: How to Start and Finish Your Thesis, Book, or Article

Capa
celso longo + daniel trench

Preparação
Mariana Oliveira

Indexação
Nelly Praça

Revisão
Débora de Castro Barros
Carolina Sampaio

CIP-Brasil. Catalogação na fonte
Sindicato Nacional dos Editores de Livros, RJ

B356t   Becker, Howard S.
      Truques da escrita: para começar e terminar teses, livros e artigos / Howard S. Becker; tradução Denise Bottmann; revisão técnica Karina Kuschnir. – 1ª ed. – Rio de Janeiro: Zahar, 2015.
(Antropologia social)

Tradução de: Writing for Social Scientists: How to Start and Finish Your Thesis, Book, or Article.
Inclui bibliografia e índice
ISBN 978-85-378-1394-2

1. Pesquisa – Metodologia. 2. Redação técnica. 3. Escrita. I. Título. II. Série.

14-17086   CDD: 808.066
                                                                       CDU: 808.1

Todos os direitos desta edição reservados à
EDITORA SCHWARCZ S.A.
Praça Floriano, 19, sala 3001 – Cinelândia
20031-050 – Rio de Janeiro – RJ
Telefone: (21) 3993-7510
www.companhiadasletras.com.br
www.blogdacompanhia.com.br
facebook.com/editorazahar
instagram.com/editorazahar
twitter.com/editorazahar

Sumário

Prefácio à edição brasileira 7

Prefácio à segunda edição 11

Prefácio 13

1. "Introdução à redação" para estudantes de pós-graduação 21
2. *Persona* e autoridade 51
3. A Única Maneira Certa 71
4. Editando de ouvido 101
5. Aprendendo a escrever como profissional 128
6. Riscos, *por Pamela Richards* 150
7. Soltando o texto 165
8. Apavorado com a bibliografia 182
9. Usando o computador para escrever 200
10. Uma palavra final 229

Referências bibliográficas 243
Índice remissivo 250

Prefácio à edição brasileira

É UMA ENORME SATISFAÇÃO poder apresentar este livro a professores e estudantes brasileiros. Sempre admirei a escrita dos grandes sociólogos brasileiros do passado (meus favoritos são Sérgio Buarque de Holanda e Antonio Candido), bem como a sólida tradição da ciência social contemporânea. Eu ficaria muito feliz se percebesse que consegui ser útil às futuras gerações de pesquisadores e acadêmicos em seu desafio de dar continuidade a esta notável tradição.

Escrevi o livro, como digo no início, porque meus alunos (e também muitos colegas) tinham problemas terríveis para começar a escrever qualquer texto acadêmico e dificuldades constantes à medida que avançavam. Tinham a sensação de que era algo impossível. Não ficavam satisfeitos com o resultado obtido depois de tanto esforço. Tinham medo de mostrar aos outros o que haviam escrito, temendo que os amigos e principalmente os professores rejeitassem o trabalho. E eu mesmo conhecia muito bem esses receios, por experiência própria. O livro apresenta ideias que reuni ao longo de anos que passei escrevendo, ensinando estudantes de sociologia a escrever e oferecendo uma espécie de terapia diletante aos desesperados por alguma ajuda.

A principal mensagem que sempre procurei passar é que os problemas que as pessoas têm ao escrever não derivam de alguma deficiência delas, de falta de dedicação, pouco talento ou de qualquer um dos vários defeitos que elas possam imaginar como causa de suas dificuldades. Lembro-lhes a ideia de C. Wright Mills, a qual, na formulação mais pertinente neste contexto, consistiria em que os problemas pessoais são problemas da organização social. Ou seja, as dificuldades que você enfrenta para escrever não são culpa sua nem resultado de uma inabilidade pessoal. A organização social na qual você escreve está criando essas dificuldades para você.

Este livro, baseado em minha experiência lecionando para estudantes americanos de ciências sociais alguns anos atrás, evidentemente está desatualizado. Não traz os últimos dados sobre os detalhes das exigências que nos fazem as organizações sociais onde todos nós – estudantes, professores, pesquisadores – trabalhamos. E, claro, trata de estudantes dos Estados Unidos, porque são os que eu conheço. Mas isso significa apenas que os leitores terão de pesquisar algumas coisas, para perceber como o ambiente em que estão inseridos interfere e dificulta o trabalho que têm a fazer. E, também, para que encontrem formas de melhorar a situação.

Um exemplo muito claro é o modo como os estudantes ficam isolados, sentados sozinhos olhando a tela do computador, escrevendo frase após frase e apagando logo em seguida. Por quê?

Eis meu palpite. Talvez não se aplique à sua situação, mas lhe dará um ponto de partida para começar sua investigação. Você escreve a frase, aí pensa em alguém e imagina essa pessoa lendo: pode ser um professor que você admira ou um colega que "todo mundo" acha que é ótimo. E então duas coisas vêm à sua mente. Primeiro, que ao escrever eles nunca têm as mesmas dúvidas que você tem sobre o valor do próprio texto – não, eles simplesmente escrevem e acham que está perfeito. E, você pensa, todo mundo vai concordar com eles. Mas é claro que isso não é verdade. Por exemplo, essa frase que você acabou de ler, reescrevi seis vezes até ficar assim. E posso mudar mais uma vez!

E aí você imagina essas mesmas pessoas lendo sua frase... e rindo. Claro que isso não acontece, mas, só para garantir, você apaga rapidinho.

Agora você sumiu com aquela frase desagradável e se pôs a salvo das risadas imaginárias. Mas, claro, agora você ficou sem frase nenhuma. Então precisa recomeçar. Adiante, você vai ver o caso de algumas pessoas que sentem tanto medo da reação alheia que, se chegam ao final do dia com uma única frase, já é muita sorte.

Esse problema nasce das condições de isolamento em que muitas vezes trabalhamos: enclausurados sozinhos num aposento onde ninguém vê o que estamos fazendo. Os estudantes escondem seus textos uns dos outros, nunca veem os professores com a mão na massa nem o trabalho que têm antes de o texto deles ser publicado.

É essa privacidade socialmente organizada a origem do problema! Se os estudantes soubessem que os colegas estão tendo as mesmas dificuldades que eles... bom, seria como uma dessas viroses que "dizem que anda dando por aí", o que significa que todo mundo pega, se sente mal por alguns dias e então passa. Se os estudantes soubessem que seus professores escrevem muitas frases péssimas, mas então reescrevem várias vezes, perceberiam que suas frases ruins também podem ser corrigidas. Você continua com o problema, com a dificuldade, mas agora sabe que não é irremediável. Sabe como tratar!

E que isso sirva de modelo para todos os seus problemas de redação! Encontre a situação que gera seu problema e mude-a.

Examine os pontos onde você está travando. Você acha que depois de escrever uma versão de alguma coisa não vai poder mudá-la? Mude e veja o que acontece. Não vai acontecer nada de ruim. Você terá um texto melhor, o que não é nenhum problema.

Bom trabalho!

São Francisco, 2014

Prefácio à segunda edição

Escrevi a primeira versão deste livro no começo dos anos 1980. Foi muito fácil. Fazia alguns anos que eu dava aulas de redação na pós-graduação, e essa experiência me deu muito o que pensar e várias histórias para contar. Elas geralmente traziam alguma pequena lição sobre a origem dos problemas que encaramos na hora de escrever, ou apontavam alguma forma de evitá-los ou alguma maneira de pensar que tornasse o problema menos problemático. Depois que o primeiro capítulo saiu numa revista acadêmica e despertou alguma discussão, vi que tinha aí um início, e o restante do livro saiu quase sozinho.

Eu não estava preparado para a enxurrada de cartas de leitores que encontraram ajuda no livro. Não só ajuda. Vários me disseram que o livro lhes salvara a vida, o que não significa que a obra seja uma boa terapia, mas sim que o problema enfrentado pelas pessoas com dificuldades para escrever é grave. Muitos me disseram que decidiram dar um exemplar a amigos que estavam em apuros. Não admira, pois nosso destino no ambiente acadêmico, em que escrevemos como estudantes, professores e pesquisadores, depende de nossa capacidade de entregar um texto aceitável quando solicitado. Se você não consegue, sente sua confiança abalada e fica ainda mais difícil fazer a tarefa seguinte, e, antes que você se dê conta, não vê mais saída. Assim, ao sugerir novas maneiras de encarar esses dilemas, o livro deu esperança às pessoas e ajudou pelo menos algumas delas a sair da espiral negativa.

Eu também não estava preparado para os agradecimentos de pessoas de áreas muito distantes da minha, a sociologia. Grande parte da análise no livro é franca e assumidamente sociológica, apontando as raízes dos problemas de redação e suas possibilidades de solução como questões sociais (e não individuais). Muitos dos problemas específicos que resultam na prosa retorcida e quase ilegível que incomoda os leitores, por ser "acadêmica", então me pareciam derivados de preocupações sociológicas, quando o autor quer evitar recorrer a afirmativas causais, pois sabe que não tem as "provas" exigidas por esse tipo de abordagem (tratada no Capítulo 1). Descobri que pessoas de muitas outras áreas, como história da arte, comunicação, literatura (e uma lista de extensão surpreendente), tinham dificuldades semelhantes. Não era nelas que eu havia pensado, mas a carapuça serviu!

Desde o lançamento deste livro, muitas coisas se mantiveram as mesmas. Mas algumas mudaram, e assim pensei que seria uma boa ideia falar um pouco sobre as transformações e como elas afetam nossa situação como escritores. As principais mudanças se referem ao computador, que naquela época estava começando a ser adotado por quem escrevia e agora se tornou de uso corrente. Comento essas alterações com espírito otimista nos acréscimos ao Capítulo 9. Sobre as mudanças na organização das universidades e na vida acadêmica, sobre as quais tenho coisas menos otimistas a dizer, falo no Capítulo 10. Espero que, com esses acréscimos, você continue a considerar esse livro pertinente para suas preocupações.

HOWARD S. BECKER
São Francisco, 2007

Prefácio

VÁRIOS ANOS ATRÁS, comecei a dar um seminário de redação para estudantes de pós-graduação em sociologia na Northwestern University. Como explico no primeiro capítulo, eu estava me tornando professor particular e terapeuta de tanta gente que julguei que seria mais prático tratar de todas essas pessoas juntas. A experiência foi tão interessante – e ficou tão evidente a necessidade de algo semelhante àquele seminário – que escrevi um artigo sobre ele (que aqui corresponde ao primeiro capítulo). Enviei o artigo a algumas pessoas, na maioria estudantes que haviam feito o curso e alguns amigos. Eles e mais outros que acabaram lendo o texto sugeriram mais tópicos que poderiam ser abordados de maneira proveitosa, e então continuei a escrever.

Eu contava com a reação favorável de amigos e colegas, principalmente da sociologia, mas não com a correspondência que começou a chegar, vinda de todo o país, de pessoas que eu não conhecia, as quais tinham lido o artigo por indicação de algum amigo e afirmavam que o texto tinha sido proveitoso para elas. Algumas cartas eram carregadas de emoção. Os remetentes diziam que estavam enfrentando grandes problemas para escrever e que a simples leitura do artigo lhes dera confiança para tentar outra vez. Alguns se perguntavam como um desconhecido era capaz de descrever com tanta precisão as apreensões e medos que sentiam. Eu gostava do artigo, mas sabia que não era tão bom assim. Na verdade, a maioria dos meus conselhos eram os mesmos dos livros e cursos de redação em inglês. Imaginei que meus leitores tinham achado o artigo tão pertinente e proveitoso porque, numa versão da distinção que Charles Wright Mills faz entre "os problemas pessoais do ambiente" e "as questões públicas da estrutura social" (1959, p.8-11), ele não analisava problemas pessoais exclusivos, mas sim dificuldades inseridas e compartilhadas na vida acadêmica. O artigo tratava apenas de problemas de redação em sociologia (afinal, sou sociólogo de profissão), mas as cartas vinham de pessoas de áreas tão diversas quanto a história da arte e as ciências da computação.

Ainda que toda essa variedade de pessoas tenha visto proveito no que eu tinha a dizer, não conheço essas áreas o suficiente para falar sobre suas dificuldades específicas. Concentrei-me, portanto, nos problemas característicos de escrever sobre a sociedade, especialmente nas ciências sociais, e deixo aos leitores de outras áreas que façam eles mesmos a transposição. Essa transposição não deve ser difícil, porque muitos clássicos da sociologia agora fazem parte do mundo intelectual em geral. Durkheim, Weber e Marx falam a um público maior do que a Associação Americana de Sociologia.

Já existem muitos livros excelentes sobre redação (por exemplo, Strunk e White 1959, Gowers 1954, Zinsser 1980 e Williams 1981). Li alguns deles enquanto ministrava meu curso, mas na época eu não sabia que havia um campo de pesquisa e reflexão chamado "teoria da composição". Por causa disso, inventei ideias e procedimentos que já tinham sido inventados por outros e eram debatidos na bibliografia daquela área. A partir de então, procurei sanar minha ignorância e remeto os leitores a essas descrições mais extensas. Muitos livros de composição trazem ótimos conselhos sobre os defeitos mais comuns de redação, em particular da redação acadêmica. Alertam contra o uso da voz passiva, a verbosidade, o emprego de palavras compridas que parecem estrangeiras em casos em que as palavras curtas que funcionariam melhor, e outros erros habituais. Dão conselhos concretos e específicos sobre como encontrar e proceder com esses erros. Outros escritores (por exemplo, Shaughnessy 1977, Elbow 1981 ou Schultz 1982) também comentam esses problemas – é impossível falar sobre redação sem os mencionar –, mas vão além e analisam por que a própria redação em si é problemática. Explicam como vencer o medo paralisante de permitir que outros leiam nosso trabalho. Seus anos de experiência, ensinando alunos da graduação a escrever, ficam evidentes no caráter específico de suas recomendações e na atenção que dão ao processo de redação, mais do que aos resultados. As melhores pesquisas sobre redação (ver, por exemplo, Flower 1979 e Flower e Hayes 1981) analisam o processo de escrever e concluem que escrever é uma forma de pensar. Se for verdade, o conselho tantas vezes dado aos escritores – primeiro tenha claro o que você pensa e só depois tente formulá-lo com clareza – está errado. Os resultados daquelas pesquisas corroboram em certa medida meus ensinamentos e minhas práticas pessoais.

O usual nos textos sobre composição é se destinarem aos alunos de graduação (o que não admira, visto que é aí que a necessidade é maior e o mercado mais amplo), embora costumem dizer, e com razão, que também seriam úteis para o pessoal das empresas, do governo e da academia. Mas todos os estudantes de pós-graduação e os acadêmicos com quem trabalho (na sociologia e em outras áreas) fizeram cursos introdutórios de redação, muito provavelmente ministrados por pessoas que conhecem as teorias modernas de composição e usam os novos métodos, mas isso não os ajudou. Aprenderam que devem usar construções na voz ativa e palavras curtas, que devem manter a concordância dos pronomes e dos antecedentes, e outras coisas muito práticas, mas não seguem essas recomendações. Não consultam os livros de composição que os ajudariam a escrever numa prosa mais clara e, se o fizessem, provavelmente passariam por cima de seus bons conselhos. Chegam a ignorar as chacotas que seus próprios colegas fazem periodicamente (ver, por exemplo, Selvin e Wilson 1984 e a paródia de Merton, "Prólogo a um Prefácio para uma Introdução a um Prolegômeno a um discurso sobre um determinado assunto" (1969)). Um livro que pretenda ajudá-los precisa abordar *por que* eles escrevem dessa maneira, pois já sabem que não deveriam escrever assim. Precisa não só lhes mostrar o que fazem de errado e como corrigir, mas também como ultrapassar a situação do graduando.

Os alunos de graduação não têm os mesmos problemas de redação dos mais velhos. Escrevem trabalhos curtos que não escreveriam por iniciativa própria, com poucas semanas de prazo, sobre assuntos que desconhecem totalmente e não lhes interessam, para um leitor que, como diz Shaughnessy, "não escolheria aquela leitura se não estivesse sendo pago para ser examinador" (1977, p.86). Os estudantes sabem que o que escrevem nesse trabalho não afetará muito sua vida. Os cientistas sociais e outros acadêmicos, por sua vez, escrevem sobre assuntos que conhecem bem e pelos quais se interessam muito.

Escrevem para pessoas que supõem estar igualmente interessadas e não têm prazos de entrega, a não ser os que lhes são impostos por sua situação profissional. Sabem que seu futuro na profissão depende da avaliação que seus escritos receberão de seus pares e superiores. Os estudantes de graduação podem se distanciar do que precisam escrever. Os acadêmicos, sejam novatos ou profissionais, não. Impõem a tarefa a si mesmos ao ingressarem na área e têm de levá-la a sério. Por ser a sério, a redação os intimida mais do que aos estudantes (Pamela Richards descreve o medo no Capítulo 6, adiante), o que dificulta ainda mais a solução dos problemas técnicos.

Apesar do título do capítulo inicial, não reescrevi um texto de introdução à redação para os estudantes da pós-graduação. Não tenho como concorrer com as obras clássicas de composição, cujos autores conhecem a gramática, a sintaxe e os demais tópicos clássicos melhor que jamais conhecerei, e nem tento. Algumas dessas questões aparecem apenas de passagem, em larga medida porque tenho bastante certeza de que os pós-graduandos e os jovens profissionais de ciências sociais e disciplinas correlatas simplesmente não irão buscar conselhos fora de suas áreas e nem prestarão atenção a eles. Pois deveriam. Mas, se a prosa que se usa para escrever sobre a sociedade só for melhorar quando os cientistas sociais estudarem gramática e sintaxe a sério, simplesmente nunca vai melhorar. Além disso, os problemas de dicção e estilo envolvem necessariamente questões de conteúdo. Conforme exporei adiante, não há como dissociar uma redação ruim em sociologia dos problemas teóricos da disciplina. Por fim, a maneira de escrever deriva das situações sociais em que as pessoas escrevem. Assim, precisamos ver (e isso resume a perspectiva do livro) como a organização social cria os problemas clássicos da redação acadêmica: estilo, organização etc. Assim, em vez de tentar escrever um manual de introdução à redação para o qual não tenho competência, procurei atender à necessidade de uma análise que estude os problemas específicos de escrever sobre a sociedade, abordando as dificuldades técnicas tratadas sociologicamente por outros autores. Abordo especificamente a redação acadêmica, em particular a sociológica, e situo seus problemas dentro do contexto do trabalho acadêmico. (Sternberg, em "Como concluir e sobreviver a uma tese de doutorado", se dedica mais à política do processo – a escolha do orientador, por exemplo – do que à redação propriamente dita.)

Sem modéstia, escrevi em termos pessoais e autobiográficos. Outros fizeram isso (Peter Elbow, por exemplo), provavelmente pelas mesmas razões. Os estudantes acham difícil imaginar a escrita como uma atividade concreta feita por pessoas de carne e osso. Como diz Shaughnessy (1977, p.79): "O escritor iniciante não sabe como se comportam os escritores." Os estudantes não veem um livro como resultado do trabalho de uma pessoa. Mesmo os estudantes de pós-graduação, que estão muito mais próximos de seus professores, raramente veem alguém de fato escrevendo, raramente veem rascunhos de trabalho e textos que não estão prontos para publicação. É um mistério para eles. Quero eliminar o mistério e lhes mostrar que o trabalho que leem foi feito por pessoas que enfrentam as mesmas dificuldades. Minha prosa não é exemplar, mas, como sei o que entrou em sua confecção, posso explicar por que escrevi de tal ou tal maneira, quais eram os problemas e como escolhi as soluções. Não posso fazer isso com o trabalho de mais ninguém. Visto que venho escrevendo textos sociológicos há mais de trinta anos, muitos estudantes e jovens profissionais leram partes da minha obra, e os leitores do manuscrito deste livro disseram que foi bom saber que certas passagens me incomodavam e me confundiam, tal como também acontece com eles diante de seus textos. Por essa razão, dediquei um capítulo a minhas experiências pessoais como escritor.

O Capítulo 1 apareceu de início, numa forma levemente diferente, em *The Sociological Quarterly* 24 (outono de 1983), p.575-88, e foi reimpresso aqui com a permissão da Midwest Sociological Society.

Agradeço a todos os que me ajudaram, especialmente (além dos estudantes dos cursos que ministrei) a Kathryn Pyne Addelson, James Bennett, James Clark, Dan Dixon, Blanche Geer, Robert A. Gundlach, Christopher Jencks, Michael Joyce, Sheila Levine, Leo Litwak, Michal McCall, Donald McCloskey, Robert K. Merton, Harvey Molotch, Arline Meyer, Michael Schudson, Gilberto Velho, John Walton e Joseph M. Williams. Faço um agradecimento especial a Rosanna Hertz por escrever a carta que motivou o capítulo "*Persona* e autoridade" e por me permitir citá-la tão extensamente. Uma carta que Pamela Richards me escreveu sobre os riscos era tão completa que lhe perguntei se ela autorizaria sua publicação neste volume, em seu nome. Fico contente que tenha concordado. Nem de longe eu conseguiria dizer tão bem.

1. "Introdução à redação" para estudantes de pós-graduação

Um caso e duas teorias

DEI VÁRIOS SEMINÁRIOS sobre redação para estudantes de pós-graduação. Isso exige uma certa "cara de pau". Afinal, quando se ensina um assunto, supõe-se que a pessoa saiba alguma coisa a respeito. Como eu escrevia profissionalmente, como sociólogo, fazia quase trinta anos, isso me dava alguma base. Além disso, vários professores e colegas não só tinham feito reparos a meu tipo de texto, mas também me ensinaram inúmeras maneiras de melhorá-lo. Por outro lado, todo mundo sabe que os sociólogos escrevem muito mal, e o pessoal de literatura, diante de um texto ruim, faz piada dizendo que é "sociologia", como os comediantes de *vaudeville* costumavam arrancar risadas dizendo "Cucamonga" (ver, por exemplo, a crítica de Cowley 1956 e a réplica de Merton 1972). A experiência e as lições não me salvaram das falhas que ainda divido com meus colegas.

Apesar disso, aproveitei a ocasião, motivado pelas histórias dos problemas crônicos que discentes e colegas docentes enfrentavam na escrita. Ofereci o curso.

O perfil dos inscritos na primeira turma me surpreendeu. Além dos dez ou doze pós-graduandos que se matricularam, a turma tinha também uns dois ou três pesquisadores em pós-doutorado e até alguns de meus colegas mais jovens, e esse perfil se manteve nos anos seguintes. Seus problemas e preocupações com a redação superavam o medo de passarem vergonha voltando aos bancos de escola.

Minha cara de pau não se limitou a dar um curso sobre um assunto que eu não dominava: sequer preparei o curso, pois, sendo sociólogo e não professor de redação, não fazia ideia de como ensinar a escrever. Então, no primeiro dia de aula, entrei na sala sem saber o que ia fazer. Depois de algumas observações iniciais meio atrapalhadas, tive uma luz. Durante anos, eu havia lido as "Entrevistas com escritores" da *Paris Review* e sempre sentira um interesse levemente lascivo pelas coisas que os entrevistados revelavam sem o menor pudor sobre seus hábitos de escrita. Assim, eu me virei para uma velha amiga e ex-aluna da graduação, sentada à minha esquerda, e perguntei: "Louise, como você escreve?" Expliquei que não estava interessado em nenhuma linda história sobre a preparação acadêmica, e sim nos detalhes que realmente interessam: se ela datilografava ou escrevia a mão, se usava algum tipo especial de papel ou trabalhava em alguma hora específica do dia. Não sabia o que ela ia dizer.

A tentativa deu certo. Sem maiores hesitações, ela descreveu longamente uma rotina complicada que devia ser cumprida à risca. Mesmo não estando constrangida em falar, alguns colegas se mostravam inquietos na cadeira, enquanto ela explicava que só escrevia em blocos de papel ofício amarelo, pautado, usando uma hidrográfica verde, que antes precisava limpar a casa (coisa que veio a se mostrar uma preliminar recorrente entre as mulheres, mas não entre os homens, mais propensos a apontar vinte lápis), que só conseguia escrever entre tais e tais horas, e assim por diante.

Vi que a coisa prometia e passei para a vítima seguinte, um rapaz. Um pouco mais relutante, ele expôs seus hábitos igualmente peculiares. O terceiro pediu desculpas, mas disse que preferia pular sua vez. Não deixei. Ele tinha boas razões, como se viu depois. Todos tinham. Àquela altura, dava para ver que as pessoas estavam expondo coisas embaraçosas, nada que desse muita vontade de comentar na frente de vinte colegas. Fui implacável, fazendo todo mundo contar tudo, sem poupar a mim mesmo.

Esse exercício gerou um grande nervosismo, mas também muito divertimento, enorme interesse e, por fim, uma descontração surpreendente. Comentei que todos estavam aliviados, e deviam estar mesmo, pois, se seus piores medos – serem loucos de pedra – eram reais, em compensação não eram mais loucos do que ninguém. Era uma doença comum. Assim como as pessoas se sentem aliviadas quando descobrem que alguns sintomas físicos alarmantes que costumam ocultar são apenas algo que "anda acontecendo", saber que os outros têm hábitos de escrita malucos devia ser, e visivelmente era, uma boa coisa.

Prossegui com minha interpretação. De certo ponto de vista, os participantes estavam descrevendo sintomas neuróticos. Mas, de uma perspectiva sociológica, tais sintomas eram rituais mágicos. Segundo Malinowski (1948, p.25-36), as pessoas fazem esses rituais para influir no resultado de algum processo sobre o qual julgam não ter meios de controle racionais. Ele descreveu o fenômeno que observou nas Ilhas Trobriand:

> Assim, na construção de canoas, o conhecimento empírico do material, da tecnologia e de certos princípios de estabilidade e

hidrodinâmica funciona associado e intimamente ligado com a magia, mas sem se afetarem mutuamente.

Por exemplo, eles entendem com plena clareza que, quanto mais larga a toleteira, maior a estabilidade, embora menor a resistência à tensão. Podem explicar claramente por que precisam dar à toleteira uma determinada largura tradicional, medida em frações do comprimento da embarcação. Também sabem explicar, em termos rudimentares, mas nitidamente mecânicos, como precisam se conduzir durante uma ventania súbita, por que a toleteira precisa ficar sempre a barlavento, por que um tipo de canoa consegue resistir e outro não. Dispõem, de fato, de um sistema completo de princípios de navegação, incorporado numa terminologia complexa e variada, transmitido pela tradição e obedecido de modo tão racional e metódico quanto os marinheiros modernos em relação à ciência moderna...

Mas, mesmo com todo o seu conhecimento sistemático, aplicado de maneira metódica, ainda ficam à mercê de correntes fortes e incalculáveis, de vendavais repentinos durante as monções e de recifes desconhecidos. E aqui entra a magia deles, que executam sobre a canoa durante sua construção, realizam no começo e durante as expedições e à qual recorrem em momentos de verdadeiro perigo. (p.30-1)

Assim como os marinheiros trobriandeses, os sociólogos que não conseguiam lidar racionalmente com os perigos de escrever usavam sortilégios mágicos, que os livravam da ansiedade, embora não afetassem o resultado.

Então perguntei à turma: o que vocês tanto temem não conseguir controlar racionalmente, a ponto de usarem todos esses rituais e fórmulas mágicas? Não sou freudiano, mas achei que eles teriam resistência em responder. Não, não tiveram. Pelo contrário, falaram bastante sobre isso e com muita franqueza. Para resumir o extenso debate que se seguiu, eles tinham medo de duas coisas. Temiam não conseguir organizar seus pensamentos, que escrever fosse ser uma confusão tão grande que ficariam doidos. Falaram de um segundo medo: que o que escrevessem estivesse "errado" e que as pessoas (não especificadas) iriam rir deles. Isso, pelo visto, explicava um pouco mais o ritual. Outra moça, que também escrevia em blocos de papel ofício amarelo pautado, sempre começava na segunda folha. Por quê? Bom, disse ela, se alguém passasse por ali, dava para abaixar a folha de cima e tampar o que estava escrevendo, para o outro não ver.

Vários rituais eram para assegurar que o texto não fosse tomado como produto "acabado", pois assim ninguém poderia rir dele. A desculpa já estava embutida ali. Creio que é por isso que mesmo os escritores rápidos na digitação muitas vezes usam métodos demorados, como escrever a mão. É evidente que qualquer coisa escrita a mão ainda não está pronta e, portanto, não pode ser criticada como se estivesse. Mas há uma maneira ainda mais segura de garantir que não se tome um texto como efetiva expressão das capacidades de seu autor: é não escrever nada. Ninguém pode ler o que nunca foi posto no papel.

Acontecera uma coisa importante naquela turma. Como também comentei naquele primeiro dia, todos haviam contado algo embaraçoso sobre si mesmos e ninguém tinha morrido. (Nisso, era algo parecido com o que se pode chamar de "novas terapias da Califórnia", em que a pessoa desnuda sua psique ou seu corpo em público e descobre que a revelação não mata.)

Fiquei surpreso que as pessoas daquela turma, várias das quais se conheciam muito bem, não sabiam absolutamente nada sobre os hábitos de trabalho dos colegas e, na verdade, nunca tinham lido seus textos. Decidi fazer algo a respeito.

Inicialmente, eu dissera aos interessados que o curso daria ênfase não à redação, mas à revisão e reelaboração de textos. Por isso, como requisito para frequentar o curso, eles teriam de entregar um artigo já escrito, para treinarem as correções. Mas, antes de pegar esses artigos, decidi mostrar o que era revisar e reescrever. Uma colega me emprestou um segundo rascunho de um artigo em que estava trabalhando. No começo da segunda aula, distribuí sua seção sobre "a metodologia do trabalho", em três ou quatro páginas, e passamos três horas reescrevendo o texto.

Normalmente, os sociólogos usam vinte palavras quando duas bastariam, e passamos a maior parte daquela tarde cortando o excesso de palavras. Usei um método que já tinha usado muitas vezes em aulas particulares. Com o lápis numa palavra ou oração, eu perguntava: "Isso precisa estar aqui? Se não, vou eliminar." Frisei bem que, ao fazer alguma alteração, não podíamos eliminar a mais leve nuance do pensamento do autor. (Aqui eu estava pensando nas regras que C. Wright Mills (1959, p.27-31) seguira em sua famosa "tradução" de passagens de Talcott Parsons.) Se ninguém defendesse a palavra ou a frase, eu cortava. Mudei construções na voz passiva para a voz ativa, juntei frases, dividi frases longas – todas as coisas que esses estudantes já tinham aprendido a fazer nas aulas de introdução à redação. Depois de três horas, tínhamos reduzido quatro páginas a três quartos de uma página, sem perder nenhuma nuance ou detalhe essencial.

Trabalhamos numa frase longa – em que a autora avaliava as possíveis implicações daquilo que o artigo colocara até o momento – por um bom tempo, eliminando palavras e expressões até ficar reduzida a um quarto do que era. Por fim, sugeri (com uma ponta de malícia, mas eles não tinham muita certeza disso) que cortássemos toda aquela passagem e só puséssemos: "E daí?". Alguém por fim rompeu o silêncio de espanto: "Você pode tirar, mas a gente não poderia." Então falamos sobre o tom, concluindo que eu também não poderia tirar, a menos que tivesse preparado o terreno para aquele tipo de tom e fosse apropriado para a ocasião.

Os estudantes ficaram com muita pena de minha colega, que havia cedido as páginas para nossa cirurgia. Acharam que tinha sido humilhante para ela e que foi uma sorte que ela não estivesse lá para morrer de vergonha. Compadecendo-se dessa maneira, eles estavam se baseando em seus próprios sentimentos não profissionais, sem perceber que, para as pessoas que escrevem profissionalmente, e escrevem muito, fazia parte da rotina reescrever o texto, tal como havíamos feito. Eu queria que eles entendessem que aquilo não era incomum e que deviam se acostumar à ideia de reescrever muito, e por isso lhes contei (com sinceridade) que eu normalmente reescrevia umas oito ou dez vezes o manuscrito antes da publicação (mas não antes de mostrá-lo a meus amigos). Ficaram surpresos, pois, como explicarei mais adiante, eles achavam que os "bons escritores" (pessoas como seus professores) já conseguiam redigir tudo certo na primeira vez.

Esse exercício trouxe vários resultados. Os estudantes ficaram exaustos, pois nunca tinham passado tanto tempo ou examinado com tanta atenção um mesmo texto, nunca tinham imaginado que alguém era capaz de passar tanto tempo numa tarefa daquelas. Viram e testaram vários procedimentos editoriais de praxe. Mas o resultado mais importante surgiu no final da tarde, quando uma estudante – aquela maravilhosa estudante que diz o que os outros estão pensando, mas preferem ficar quietos – falou em tom cansado: "Puxa, Howie, quando você diz assim, fica de um jeito que qualquer um poderia dizer." É, exato.

Falamos sobre isso. O que era sociológico: o que você dizia ou como você dizia? Pois veja só, não havíamos substituído nenhum termo técnico da linguagem sociológica. Não era essa a questão (quase nunca é). Havíamos substituído redundâncias, "palavras bonitas", expressões pomposas (por exemplo, minha *bête noire** pessoal, "a maneira pela qual", que geralmente pode ser trocada por um simples "como", sem nenhuma perda a não ser o tom pretensioso) – qualquer coisa que pudesse ser simplificada sem prejuízo para a ideia. Concluímos que os autores tentavam dar corpo e peso ao que escreviam utilizando um tom acadêmico, mesmo em detrimento do verdadeiro significado.

Descobrimos mais algumas coisas naquela tarde interminável. Algumas daquelas longas expressões redundantes não podiam ser substituídas porque não havia nenhum sentido por trás delas. Estavam ali para preencher o espaço, marcando um lugar onde o autor deveria dizer algo mais simples, mas, no momento, não tinha nada simples para dizer. Mesmo assim, esses lugares tinham de ser preenchidos, pois, do contrário, o autor ficaria com a frase pela metade. Os escritores usavam essas expressões e frases sem sentido não por um simples capri-

---

* Implicância pessoal, em francês no original. (N.T.)

cho ou porque tinham cacoetes indesejáveis na escrita. Certas situações exigiam a presença delas para preencher espaço.

Os escritores costumam usar expressões sem sentido para encobrir dois tipos de problemas. Ambos refletem sérios dilemas da teoria sociológica. Um dos problemas tem a ver com o agente: quem fez as coisas que a frase afirma que foram feitas? Muitas vezes, os sociólogos preferem locuções que não dão uma resposta clara a essa pergunta, em larga medida porque muitas de suas teorias não lhes dizem quem está fazendo o quê. Em diversas teorias sociológicas, as coisas simplesmente acontecem sem serem feitas por ninguém. É difícil encontrar um sujeito para uma frase quando estão operando "forças sociais mais amplas" ou "processos sociais inexoráveis". Quando se evita dizer quem fez tal ou tal coisa, surgem dois defeitos típicos da redação sociológica: o costume de usar a voz passiva e substantivos abstratos.

Se você diz, por exemplo, que "os desviantes foram rotulados", não precisa dizer quem os rotulou. É um erro teórico, e não só uma falha de redação. Um ponto importante na teoria de rotulação do desvio (destacado em Becker 1963) é justamente que alguém rotula a pessoa de desviante, alguém que tem o poder para tanto e boas razões para querer fazer isso. Se você deixa esses agentes de fora, distorce a teoria, tanto na prática quanto no seu princípio. Apesar disso, é uma locução corrente. Os sociólogos cometem erros teóricos similares quando dizem que a sociedade faz isso ou aquilo ou que a cultura leva as pessoas a fazerem tais ou tais coisas, e eles escrevem assim o tempo inteiro.

A incapacidade ou falta de vontade dos cientistas sociais de fazer afirmativas causais também leva a uma redação ruim.

O *Ensaio sobre o entendimento humano*, de David Hume, nos deixa aflitos na hora de afirmar que demonstramos as conexões causais, e, embora poucos sociólogos sejam tão céticos quanto Hume, em sua maioria eles julgam que, apesar dos esforços de John Stuart Mill, do Círculo de Viena e de todos os demais, correrão sérios riscos acadêmicos se alegarem que A é causa de B. Os sociólogos encontram diversas maneiras de descrever covariâncias, geralmente usando expressões vazias que insinuam o que gostaríamos de dizer, mas não temos coragem. Como receamos dizer que A causa B, dizemos: "Há uma tendência de covariarem" ou "Parecem estar associados".

As razões disso nos reconduzem aos rituais da escrita. Escrevemos assim porque, se escrevermos de outra maneira, temos medo de que os outros nos flagrem em erros primários e riam de nós. Melhor dizer algo inócuo, mas seguro, do que algo mais arrojado, que você talvez não consiga defender contra as críticas. Pois veja, não há problema em dizer "A varia com B", se for realmente o que você quer dizer, e faz todo sentido afirmar: "Penso que A causa B e meus dados sustentam essa afirmação mostrando a covariância deles." Mas muitos usam essas expressões para apenas sugerir asserções mais incisivas, pelas quais simplesmente não querem ser censurados. Querem descobrir causas, porque causas têm interesse científico, mas não querem a responsabilidade filosófica.

Todos os professores e manuais de redação em inglês criticam construções na voz passiva, substantivos abstratos e a maioria das outras falhas que citei. Não inventei esses critérios. Na verdade, aprendi em cursos de redação. Embora tais critérios, portanto, sejam independentes de qualquer escola de pensamento, acredito que minha preferência pela clareza e pelo tom direto também tem raízes na tradição da sociologia interacionista simbólica, que concentra seu enfoque em agentes reais em situações reais. Meu colega brasileiro Gilberto Velho insiste que são critérios etnocêntricos, muito favorecidos na tradição anglo-americana do discurso direto, justificando que o estilo indireto e mais floreado vem de tradições europeias. Penso que está errado, visto que alguns dos melhores escritores em outras línguas também usam um estilo direto.

Analogamente, Michael Schudson me perguntou, e com boa dose de razão, como deveria escrever alguém que acredita que as estruturas – relações de produção capitalistas, por exemplo – causam os fenômenos sociais. Esse teórico deveria usar construções na voz passiva para indicar a passividade dos atores humanos envolvidos? Essa pergunta requer duas respostas. A mais simples é que poucas teorias sociais sérias não deixam nenhum espaço à ação humana. A segunda, e mais importante, é que as construções na voz passiva chegam a ocultar o papel de agente atribuído aos próprios sistemas e estruturas. Suponha-se que um sistema rotula os desviantes. Dizer "os desviantes são rotulados" também encobre isso.

Grande parte do que eliminamos do artigo de minha colega, durante a aula, consistia naquilo que, para as finalidades do curso, chamei de "qualificações furadas" (*"bullshit qualifications"*, tomando como precedente legitimador a crítica de Wayne Booth ao "papo-furado polissilábico de raiz grega" (Booth 1979, p.277)), expressões vagas indicando uma pronta disposição a abandonar o aspecto apontado caso alguém faça alguma objeção: "A tende a estar relacionado com B", "A talvez possa tender a estar relacionado com B em certas condições" e outras qualificações igualmente tímidas. Uma qualificação efetiva diz que

A está relacionado com B, salvo certas circunstâncias especificadas: sempre compro comida na Safeway, a menos que ela esteja fechada; a relação positiva entre renda e instrução é maior se você for branco do que se for negro. Mas os estudantes, como outros cientistas sociais, geralmente usavam qualificações menos específicas. Queriam dizer que a relação existia, mas sabiam que alguém, mais cedo ou mais tarde, iria encontrar uma exceção. O qualificador ritual, não específico, lhes dava uma escapatória para qualquer eventualidade. Se fossem atacados, podiam dizer que nunca afirmaram que aquilo era sempre verdade. As qualificações furadas, tornando as afirmações vagas, ignoram a tradição filosófica e metodológica segundo a qual fazer generalizações numa forma universal forte ajuda a evidenciar casos negativos que podem servir para aperfeiçoá-las.

Quando perguntei aos estudantes da turma por que escreviam daquela maneira, vim a saber que haviam pegado muitos dos hábitos na escola e os consolidaram na faculdade. O que tinham aprendido a escrever eram trabalhos de semestre (ver a discussão de Shaughnessy (1977, p.85-6) sobre as condições da redação na graduação). Você escreve o trabalho do semestre fazendo todas as leituras ou pesquisas exigidas durante o período e, enquanto isso, vai montando mentalmente a monografia. Mas depois escreve de uma vez só, às vezes a partir de um esboço geral, e geralmente na noite anterior à data de entrega. Como uma pintura japonesa, você faz, e fica bom ou não. Os estudantes de graduação não têm tempo de reescrever, visto que muitas vezes precisam entregar vários trabalhos na mesma época do ano. O método funciona para a graduação. Alguns adquirem grande prática nesse formato e entregam trabalhos respeitáveis, bem acabados, formulando-os mentalmente enquanto andam pelo campus e pondo por escrito logo antes da data de entrega. Os professores sabem de tudo isso. Se não conhecem a mecânica da coisa, pelo menos conhecem os resultados e não esperam trabalhos com mais coerência ou melhor acabamento do que esse método permite.

Os estudantes que costumam trabalhar dessa maneira ficam preocupados com a versão que redigem, o que é compreensível. Eles sabem que poderia ser melhor, mas não será. O que escrevem fica assim mesmo. Desde que esse documento se mantenha confidencial, na relação convencionalmente privada entre aluno e professor, não constrangerá demais o autor.

Mas a organização social da escrita e da reputação muda na pós-graduação. Os professores comentam os trabalhos dos estudantes com seus colegas e com outros estudantes, seja elogiando ou criticando. Com sorte, eles vêm a se transformar em trabalhos para a qualificação ou em dissertações, lidos por vários membros do corpo docente.

Os estudantes da pós também redigem trabalhos mais longos do que o pessoal da graduação. Os habituados ao trabalho semestral não têm a mesma facilidade para guardar na cabeça um trabalho mais extenso. É aí que começam a perder a facilidade na escrita. Não conseguem redigir o texto de uma tacada só sem sentir medo de despertar críticas e zombarias. Então, não escrevem.

Não contei todas essas coisas aos estudantes nas primeiras aulas, só depois. O que fiz foi dar tarefas para que desistissem do método de escrever o texto de uma vez só. Então poderiam criar outras rotinas, menos penosas e igualmente eficazes para ganhar a recompensa acadêmica. Em todas as turmas que tive, sempre havia alguns mais intrépidos que confiavam em mim a ponto de prosseguir com as experiências. Minha fama de não ser um carrasco abrandava o medo tradicional dos estudantes pelos professores, e os que tinham feito outros cursos comigo confiavam em minhas excentricidades. Os professores que não dispõem de tais vantagens provavelmente teriam mais problemas em usar alguns desses expedientes.

Falei aos estudantes que não fazia muita diferença o que eles escrevessem num primeiro rascunho, pois sempre podiam modificar. Como o que colocavam no papel não era necessariamente definitivo, não precisavam se preocupar muito com o que escreviam. A única versão importante era a final. Já tinham visto uma amostra das mudanças que podiam fazer e prometi que mostraria mais.

Nossa revisão em aula e minha respectiva interpretação acalmaram os estudantes. Pedi que trouxessem na próxima aula aqueles textos que eu exigira como pré-requisito para a inscrição no curso, mas que ainda não havia recolhido. (Alguns estudantes deram para trás. Na segunda vez em que dei o curso, uma aluna disse que não ia entregar o texto porque não tinha. Fiquei bravo: "Qualquer um que frequenta a escola esse tempo todo tem montes de textos escritos. Traga um." Então a verdadeira razão aflorou: "Não tenho nenhum que preste.") Depois de recolher os textos e misturar bem todos eles, distribuí as folhas à turma, tomando cuidado para que ninguém recebesse seu próprio texto. Na semana seguinte, eles os devolveram aos respectivos autores. O pessoal ficou muito sério, olhando o que tinha sido feito. Muita coisa. Havia marcas de tinta vermelha do começo ao fim.

Perguntei como se sentiram copidescando o texto de outra pessoa. Falaram muito, e irritados. Tinham ficado surpresos com a trabalheira que deu e com a quantidade de erros bobos. Depois de uma hora de reclamações, perguntei como se sentiram ao ter seus textos copidescados. Falaram, e também irritados, mas agora reclamando que quem lera o texto tinha sido impiedoso, não entendera o que eles queriam dizer, alterara o texto com coisas que jamais tiveram a intenção de dizer. Os mais espertos logo perceberam que a carapuça lhes servia, e todos ficaram em silêncio quando se deram conta. Falei que deviam pensar naquela lição, e agora podiam ver que precisavam escrever de uma maneira que os copidesques bem-intencionados – e deviam supor que os colegas eram bem-intencionados – não se enganassem quanto ao sentido. Disse-lhes que, muitas vezes, seus trabalhos seriam revistos por colegas e preparadores de texto, e que era melhor irem se acostumando à ideia, sem se sentir ofendidos por causa disso. Deviam era tentar escrever com clareza, para que ninguém entendesse mal e fizesse alterações que iriam desagradá-los.

Então falei que podiam começar escrevendo praticamente qualquer coisa, qualquer rascunho, por mais fraco e confuso que ficasse, e depois o transformariam em algo bom. Para provar, eu precisava de alguém que fizesse um primeiro rascunho despreocupado, algumas ideias anotadas sem muito cuidado e sem nenhuma correção. Expliquei que esse rascunho os ajudaria a descobrir o que eles queriam dizer. (Essa foi uma das vezes em que inventei algo que eu não sabia que já estava sendo desenvolvido pelo pessoal da teoria da composição. Linda Flower (1979, p.36), por exemplo, expõe e analisa o mesmo procedimento, chamando-o de "prosa baseada no escritor", que "dá ao escritor liberdade de gerar uma grande amplitude de informações e uma ampla variedade de relações possíveis, antes de se prender a uma formulação prematura".) Levou algum tempo até encontrarmos alguém disposto a enfrentar um processo tão arriscado. Distribuí na turma cópias do documento resultante.

A moça que contribuiu com o texto fez algumas piadinhas nervosas sobre si mesma, sobre colocar-se em risco ao deixar que as pessoas o lessem. Para sua surpresa, os colegas ficaram admirados com o que ela tinha escrito. Podiam ver que estava mal redigido e confuso, mas também podiam ver, e dizer, que ela tinha ali algumas ideias realmente interessantes, as quais podiam ser desenvolvidas. Também manifestaram sua admiração pela coragem dela. (Nos anos seguintes, outros estudantes destemidos causaram o mesmo efeito sobre os colegas.)

O rascunho mostrava os rodeios da autora para abordar o tema (como os escritores descritos em Flower e Hayes 1981), sem muita certeza do que queria dizer, repetindo a mesma coisa várias vezes e de diversas maneiras. Na comparação entre as versões, ficou fácil enxergar a ideia que ela estava rodeando e chegar a uma formulação mais concisa. Com isso, encontramos três ou quatro ideias a ser trabalhadas e pudemos ver ou sentir algumas conexões entre elas. Concordamos que a maneira de trabalhar com aquele rascunho seria fazer anotações nele, ver o que continha e depois montar um plano geral para outro rascunho. Para que se incomodar em evitar redundâncias ou os outros defeitos que nos tinham dado tanto trabalho para eliminar na semana anterior, se, tendo agora adquirido essas novas habilidades, seria fácil se livrar deles mais adiante? Ficar se preocupando com essas falhas apenas retardaria seu ritmo, impediria que você dissesse algo em alguma das maneiras que lhe dariam a pista de que precisava. Melhor corrigir depois, e não durante. Os estudantes começaram a ver que a redação não precisa ser feita de uma tacada só, um lance de tudo ou nada. Podia ser em etapas, cada qual com seus critérios de excelência (como Flower e outros poderiam lhes explicar, mas talvez fosse melhor descobrirem por experiência própria). A insistência na clareza e no acabamento, adequada para uma versão mais adiantada, era totalmente inadequada para as versões mais iniciais, cujo objetivo era colocar as ideias no papel. Chegando a tais conclusões, eles reproduziram alguns dos resultados de Flower e começaram a entender que a preocupação com as regras de redação numa fase muito inicial do processo podia impedi-los de dizer o que realmente tinham a dizer (questão apontada na linguagem da psicologia cognitiva em Rose 1983).

Não quero exagerar. Meus estudantes não jogaram fora as muletas e começaram a dançar. Mas viram que seus problemas tinham solução, e era só isso o que eu queria. Sabendo que era possível, poderiam tentar. Só saber não bastava, claro. Tinham de usar esses recursos, integrá-los em sua rotina de escrita, talvez substituindo alguns dos elementos mágicos que havíamos comentado.

Fizemos muitas outras coisas no seminário. Discutimos retórica, lendo Gusfield sobre a retórica das ciências sociais (1981) e "A política e a língua inglesa" de Orwell (1954). Foi uma surpresa: Gusfield, o sociólogo, teve mais impacto do que Orwell, o escritor. Ele mostrava como os escritores da mesma área dos estudantes utilizavam recursos estilísticos para soar "científicos", em especial apontando como as construções na voz passiva podiam criar uma fachada impessoal por trás da qual o investigador podia se esconder. Discutimos a redação científica como forma de retórica, na intenção de persuadir, e quais eram as formas de persuasão tidas como legítimas ou ilegítimas pela comunidade científica. Insisti na natureza retórica da redação científica, embora os estudantes, como muitos docentes, acreditassem que algumas maneiras de escrever eram tentativas ilegítimas de persuadir, ao passo que outras se limitavam a apresentar os fatos e deixavam que eles falassem por si sós. (Esse aspecto foi extensamente examinado por sociólogos da ciência e estudiosos da retórica. Ver, em especial, Bazerman 1981, Latour e Bastide 1983 e as referências bibliográficas ao final deste livro.)

Aqui, também, quem me ajudou foi aquele tipo de estudante, que eu aprecio muito. Depois de passarmos um bom tempo discutindo a retórica da ciência, ele perguntou: "Tudo bem, Howie, eu sei que você nunca gosta de nos dizer o que fazer, mas você vai dizer ou não?" E eu: "Dizer o quê?" "Como escrever sem usar retórica!" Tal como antes, todo mundo estava na expectativa de que eu revelasse o segredo. Na hora em que ouviram o colega comentar em voz alta, seus piores medos se confirmaram. Não era possível escrever sem usar retórica e, portanto, não havia como fugir às questões de estilo.

Durante vários anos ministrando o curso, desenvolvi uma teoria da composição que descreve o processo que gera o texto e também as dificuldades de redigi-lo. (Ela aparece, em forma mais geral, em *Art Worlds* (Becker 1982a), como uma teoria de criação de todas as espécies de obras de arte. Embora derive de uma psicologia social muito diferente da psicologia cognitiva que predomina nos trabalhos em teoria da composição, minhas ideias são semelhantes às de Flower e Hayes e de seus colegas.) A forma final de qualquer obra resulta de todas as escolhas feitas por todas as pessoas envolvidas em sua produção. Quando escrevemos, fazemos escolhas constantes como, por exemplo, qual ideia tomaremos, e quando; que palavras usaremos para expressá-la, e em que ordem; quais exemplos daremos para deixar o significado mais claro. É evidente que, na verdade, a redação é posterior a um processo ainda mais longo de absorção e desenvolvimento das ideias, este por sua vez precedido por um processo de absorção e seleção das impressões. Cada escolha contribui para moldar o resultado.

Se essa análise é fundada, estamos enganados ao pensar que, quando sentamos para escrever, vamos compor a partir do zero e podemos escrever qualquer coisa. Nossas escolhas anteriores – olhar tal coisa de tal maneira, pensar em tal exemplo para desenvolver nossas ideias, empregar tal maneira de reunir e armazenar dados, ler tal romance ou assistir a tal programa de tevê – excluem nossas outras escolhas possíveis. A cada vez que respondemos a uma pergunta sobre nosso trabalho e o que andamos pensando ou descobrindo, nossa escolha de palavras afetará a maneira como vamos descrevê-lo da próxima vez, talvez quando estivermos tomando notas ou montando um plano geral.

Os estudantes, em sua maioria, tinham uma visão mais convencional, encarnada na famosa máxima que diz: se você pensa com clareza, escreverá com clareza. Eles achavam que deviam elaborar tudo antes de escrever a Primeira Palavra, reunindo todas as suas impressões, ideias e dados, e resolvendo explicitamente todas as questões teóricas e empíricas importantes. Do contrário, podia sair errado. Encenavam ritualmente essa crença abstendo-se de começar a escrever enquanto não empilhassem na mesa todos os livros e anotações de que talvez viessem a precisar. Além disso, achavam que tinham liberdade de escolha na maioria dessas questões, o que levava a observações como "Creio que vou usar Durkheim em minha seção sobre a parte teórica", como se já não tivessem resolvido muito tempo antes as questões teóricas sugeridas pela invocação de Durkheim (ou de Weber ou Marx), na maneira como haviam feito o trabalho. (Os estudiosos de outras áreas saberão quais Grandes Nomes podem usar aqui.)

Minha teoria segue na direção oposta: ao se sentar para escrever, você já fez muitas escolhas, mas provavelmente não sabe quais foram. É natural que isso leve a alguma confusão, a um primeiro rascunho bem bagunçado. Mas um rascunho confuso não é vergonha nenhuma. Pelo contrário, ele mostra quais foram suas primeiras escolhas, com quais ideias, perspectivas teóricas e conclusões você já se comprometeu antes de começar a redigir. Ciente de que escreverá muitos outros rascunhos, você sabe que não precisa se preocupar se esse primeiro está muito cru e desconjuntado. Ele se destina a fazer descobertas, não a ser apresentado (a distinção é de C. Wright Mills (1959, p.222), seguindo Reichenbach).

Assim, a redação de um primeiro rascunho cru vai lhe mostrar todas as decisões anteriores que agora moldam o que você pode escrever. Não pode "usar" Marx se foram as ideias de Durkheim que moldaram seu pensamento. Não pode escrever sobre coisas que seus dados coletados não revelam ou que seu método de armazenamento de dados não permite demonstrar. Você vê o que tem e o que não tem, o que já fez e já sabe, e o que falta fazer. Você vê que a única coisa que falta – embora já tenha começado a escrever – é deixar tudo mais claro.

O rascunho inicial mostra o que você precisa deixar mais claro; as técnicas de revisão e reelaboração vão lhe permitir isso.

Não é tão simples assim, claro. As próximas escolhas, feitas na revisão e na reescrita, também dão forma ao resultado. Você não pode mais fazer qualquer coisa que queira, mas há ainda inúmeras escolhas. Essas outras questões de linguagem, organização e tom costumam dar muita dor de cabeça aos autores, porque elas implicam outras tomadas de posição, além das já feitas. Se você usa Durkheim para discutir ideias marxistas ou a linguagem dos levantamentos estatísticos para discutir um estudo etnográfico, provavelmente se verá trabalhando de modo contraditório. Foram essas confusões que causaram as dificuldades teóricas que encontramos em nossos exercícios de revisão no seminário.

Se você começar a escrever numa fase inicial da pesquisa – antes de ter todos os seus dados, por exemplo –, isso lhe permitirá clarear mais cedo o pensamento. Ao redigir um rascunho sem os dados, fica mais claro o que você quer discutir e, portanto, quais dados terá de reunir. Assim, o ato de escrever pode moldar seu plano de pesquisa. É diferente da noção mais corrente de que primeiro você pesquisa e depois "escreve dando o fecho". É uma extensão da ideia de Flower-Hayes (1981) de que as fases iniciais da redação levam os escritores a ver o que terão de fazer nas fases posteriores.

Dar maior clareza ao trabalho levanta a questão do público. Para quem ele deve ser mais claro? Quem lerá o que você escreve? O que precisam saber para não entenderem mal ou acharem que seu texto é obscuro ou ininteligível? Você escreverá de uma determinada maneira para as pessoas com quem trabalha num projeto conjunto, de outra maneira para profissionais de sua subárea, de outra ainda para profissionais de outras disciplinas e áreas de especialização, e de outra para o "leigo instruído".

Como saber o que os leitores vão entender? Você pode mostrar seus rascunhos iniciais a algumas pessoas do público em vista, por amostragem, e perguntar o que acham. Foi isso que os participantes do seminário julgaram tão difícil e assustador, pois, ao mostrar um rascunho às pessoas, ficariam expostos ao ridículo e à vergonha. Assim, a recomendação, embora seja simples, talvez não seja exequível. Você só consegue mostrar seu trabalho falho se tiver aprendido – como eu esperava que aprendessem com nossos exercícios em sala de aula – que não sairá ferido se outros o lerem. Naturalmente, nem todos são um bom público para ler rascunhos. Descobrimos isso naquele copidesque mútuo. Alguns, tendo dificuldade em tratar um rascunho como rascunho, insistem em criticá-lo como se fosse um produto acabado. Alguns leitores têm mais discernimento editorial do que outros, e você precisa de um círculo de pessoas que você sabe que reagirá adequadamente à etapa em que seu trabalho está.

Assim, além de uma teoria da atividade da escrita, também precisamos de uma teoria da organização social da escrita como atividade profissional. Como as pessoas, na maioria, escrevem em absoluta privacidade, os leitores atribuem os resultados somente ao autor, em crédito ou débito de sua reputação profissional. Uso essa linguagem contábil porque geralmente é assim que as pessoas pensam intimamente.

Por que os escritores trabalham de maneira tão reservada? Como eu disse antes, é na escola ou na graduação que a maioria deles adquire seus hábitos de escrita, junto com todos os rituais destinados a eliminar o caos e os resultados risíveis, como forma de adaptação às situações em que escrevem nessa fase dos estudos. Na situação em que estão, os estudantes são premiados pela rapidez e competência em preparar textos curtos e passáveis, e não pela habilidade em reescrever e refazer. (Segundo Woody Allen, "Oitenta por cento da vida consiste em fazer coisas e entregá-las no prazo".) Os estudantes inteligentes – quanto mais inteligentes, mais rápido aprendem – não se dão ao trabalho de desenvolver habilidades desnecessárias. O que conta é o primeiro rascunho, já que é o único.

À medida que avançam na pós-graduação, os estudantes passam a ver menos utilidade na prática de redigir trabalhos curtos. Nos primeiros anos, dependendo do departamento, têm de escrever o mesmo tipo de texto que escreviam durante a graduação. Mas, depois, precisam escrever trabalhos mais longos, desenvolvendo argumentos mais complexos, baseados em dados mais complicados. Poucos conseguem redigir mentalmente esses textos e acertar logo na primeira tentativa, ainda que possam ingenuamente pensar que é assim que fazem os bons escritores. ("Fazer certo" significa expor o argumento com tanta clareza que o texto começa afirmando o que demonstrará mais adiante.) Assim, os estudantes se atrapalham, têm medo de "fazer errado" e não conseguem terminar no prazo. Escrevendo na última hora, redigem textos com ideias interessantes, coerência apenas superficial e nenhum argumento claro por detrás – rascunhos interessantes que, no entanto, os estudantes querem que sejam tratados como resultados finais.

Alguns jovens cientistas sociais (e também muitos outros jovens acadêmicos), depois da tese, ingressam em situações que premiam ainda menos aquele estilo de trabalho. As disciplinas acadêmicas não estipulam datas de entrega tão definidas. Não há "prazos" simples. Existem, claro, "prazos" profissionais: se você não publicar uma quantidade de artigos a uma velocidade que seu departamento ou diretor considere suficiente, talvez não seja promovido, não receba aumento salarial ou não consiga encontrar outro emprego. Mas os cronogramas para essa produção são flexíveis, em parte determinados por caprichos administrativos, e as pessoas podem pensar, equivocadamente, que outras preocupações são mais prementes – preparar aulas ou cuidar de tarefas administrativas – e requerem atenção imediata. Assim, os acadêmicos jovens podem descobrir que o tempo simplesmente passou sem que apresentassem uma cota de produção mais significativa do que a do período da graduação, e que se permitiram ignorar o fato porque a organização não lhes impôs prazos.

Visto que não há prazo definido para submeter um artigo à avaliação nem um juiz específico para dar uma nota, os acadêmicos trabalham com seus cronogramas pessoais e em ritmo próprio. Submetem os resultados àquele corpo amorfo de jurados, "a comunidade profissional" ou, pelo menos, aos representantes daquela comunidade que editam periódicos, organizam as programações dos congressos profissionais e elaboram pareceres para as editoras. Tomados em conjunto, esses leitores encarnam a diversidade de opiniões e práticas dentro da disciplina. Às vezes, essa diversidade faz com que, a longo prazo, raramente um autor deixe de ser publicado por ter uma posição errada ou por trabalhar num estilo errado. Existem tantas entidades publicando tantos periódicos que todos os pontos de vista encontram acolhida em algum lugar. Mas os editores ainda rejeitam artigos ou devolvem com a instrução de "revisar e submeter novamente", pois ficam confusos – os autores escrevem sem clareza ou formulam mal o problema que querem abordar.

Em decorrência disso, a redação profissional se "privatiza". Não há um grupo de pares que compartilhe o problema do escritor. Nenhum grupo tem de entregar o mesmo texto no mesmo dia. Cada qual tem um texto diferente para entregar na hora em que ficar pronto. Assim, os autores de ciências sociais não desenvolvem uma cultura, um conjunto de soluções comuns para seus problemas coletivos. E assim nasce uma situação que tem sido chamada de ignorância pluralista. Todo mundo acha que todos os outros estão aprontando o texto para entregá-lo no prazo. Guardam suas dificuldades para si mesmos. Talvez esta seja uma das razões pelas quais os cientistas sociais e outros acadêmicos escrevem num isolamento tão grande.

De todo modo, seus escritos exigem muita reelaboração e edição. Como a única versão que importa é a final, eles têm toda a razão em continuar trabalhando no texto até ficar bom. "Bom" não em vista do tempo disponível – esse é o modelo vigente na graduação –, mas em vista do que imaginam que deva ficar. (Isso, naturalmente, está sujeito a algumas imposições realistas, de modo que algum dia o texto terá de ficar pronto. Cabe lembrar, porém, que algumas grandes obras levaram vinte anos para ficar prontas e alguns acadêmicos se dispõem a pagar o preço pela produção demorada.) Mas muitos autores não sabem como reescrever e pensam que todas as suas versões de qualquer coisa serão usadas para julgá-los. (Em parte têm razão. Esse trabalho será submetido a julgamento, mas, se tiverem sorte, o julgamento será adequado à etapa em que ele se encontra.) Então não produzem ou produzem com grande dificuldade, tentando dar uma forma perfeita a tudo o que põem no papel antes de mostrar a alguém.

Uma exceção interessante a esse padrão se dá nos projetos em grupo, nos quais, para que o trabalho possa avançar, os participantes precisam estar sempre produzindo para se atualizarem. Os participantes de projetos bem-sucedidos aprendem a ver os trabalhos de todos como preliminares, assim liberando as pessoas da necessidade de redigir rascunhos perfeitos já na primeira vez.

De modo mais geral, os escritores resolvem o problema do isolamento cultivando um círculo de amigos que leem seus trabalhos no diapasão correto, tratando como preliminar o que é preliminar, ajudando o autor a desemaranhar as ideias confusas de um rascunho muito cru ou a melhorar a linguagem ambígua de uma versão posterior, sugerindo referências que possam ser úteis ou comparações que deem a chave para algum obstinado quebra-cabeça. Esse círculo pode incluir amigos da pós-graduação, ex-professores ou pessoas com algum interesse em comum. Essas relações geralmente são recíprocas. Conforme aumenta a confiança entre autor e leitor, o leitor pedirá ao autor para ler alguma coisa sua. Às vezes, uma relação desse tipo se desfaz quando não se retribui o favor.

Alguns não conseguem ler as coisas de maneira apropriada. Prendem-se a miudezas – às vezes, uma simples palavra que poderia ser trocada por outra, evitando o problema – e não conseguem pensar nem comentar nada mais. Outros, geralmente conhecidos como excelentes editores de texto, enxergam o problema central e dão boas sugestões. Evite os primeiros. Procure estes últimos.

Esses são os conselhos sugeridos por uma teoria rudimentar sobre situações profissionais e problemas de redação que venho expondo. O grupo do seminário, sempre interessado em conselhos úteis, muitas vezes me fazia pontificar sobre minha experiência pessoal. Boa parte do que eu dizia em resposta a esses aliciamentos consistia em argumentos bem-intencionados e provavelmente inócuos, mas vale citar algumas preocupações.

Os que dispunham de alguma experiência profissional e tiveram artigos rejeitados ou devolvidos para uma profunda revisão queriam saber como reagir à crítica. Muitas vezes regrediam a uma reação de aluno de escola: "Vou ter de fazer assim e assado só porque eles disseram?" Às vezes pareciam artistas cujas obras-primas tinham sido malhadas por filisteus. Davam a impressão de regredirem àquela atitude que acompanha a maioria dos estudantes ao longo da graduação, àquela ideia de que "eles" são arbitrários, não têm nenhum critério de fato, decidem as coisas como lhes dá na veneta. Se as autoridades realmente não usam nenhum critério estável, você não tem como lidar com suas críticas de maneira racional, examinando seu texto para ver o que é necessário; em vez disso, precisa descobrir e providenciar o que elas querem. (Ver a análise em Becker, Geer e Hughes 1968, p.80-92.) Os autores tinham prova disso nos conselhos muitas vezes contraditórios que recebiam dos críticos: um dizia para eliminarem alguma coisa, enquanto outro sugeria que ampliassem a mesma seção.

Minha dica prática nesse aspecto era que os leitores não são adivinhos, e assim, quando a prosa de um autor é confusa ou ambígua, eles não entendem de imediato o que se pretende dizer e criam suas próprias interpretações, às vezes contraditórias. Um problema frequente aparecia quando um autor começava um artigo sugerindo que ia abordar o problema X, e então passava a analisar, de modo plenamente satisfatório, o problema Y, erro típico de um primeiro rascunho, facilmente eliminável na revisão. Alguns críticos, detectando a confusão, sugerem que o autor refaça a análise ou mesmo a pesquisa, de modo que o artigo possa realmente abordar X. Já outros, mais realistas, dizem ao autor para reescrever a introdução, esclarecendo que o artigo trata de Y. Mas os dois tipos de crítica estão reagindo à mesma confusão. O autor não precisa fazer o que eles dizem, mas deve eliminar a confusão para não gerar mais reclamações.

Outro problema que preocupava os participantes do seminário era a coautoria, e o exemplo surgiu na própria turma. Perto do final do semestre, quando havíamos cumprido toda a minha programação e eu estava sem saber o que fazer para ocupar as horas restantes do curso, sugeri que escrevêssemos em conjunto um artigo sobre um tema que todos conhecíamos em alguma medida: os problemas de redação em sociologia. Numa variante dos velhos jogos de salão, cada um falava em sua vez, ditando a frase seguinte do texto. Todos contribuíram para o conjunto. Alguns tentavam seguir a linha sugerida pelos anteriores. Outros a ignoravam e começavam tudo de novo. Outros ainda fizeram observações pertinentes. Várias pessoas anotaram as sentenças à medida que os outros falavam e, a pedido, liam em voz alta o que já fora dito.

Quando terminamos, tínhamos dezoito frases e, para surpresa geral, apesar de todos os gracejos e incoerências, não ficou ruim como primeiro rascunho, em vista do que havíamos concordado que seria a maneira de avaliar e utilizar os rascunhos iniciais. Na verdade, ficou tão interessante que sugeri ampliá-lo para publicação. Isso gerou uma pergunta imediata: onde publicaríamos? Avaliamos os tipos de periódicos que poderiam se interessar pelo tema e, por fim, decidimos por *The American Sociologist*, periódico dedicado a problemas profissionais que a Associação Americana de Sociologia, infelizmente, parou de publicar. Saí da sala para pegar um café. Quando voltei, o ambiente tinha degringolado. Os estudantes trocavam olhares furiosos e confessaram que, durante minha ausência, tinham começado a brigar por uma questão previsível. Se alguns trabalharam mais que outros, quem ia pôr o nome na versão final, e em que ordem?

Fiquei bravo com aquilo, pois era uma insensatez. Muita gente briga por essa questão muito concreta. Apresentei minha solução: recuar um pouco e dar o crédito a todos os que tinham feito alguma contribuição ao texto. Eles logo ressaltaram que um professor com estabilidade no cargo podia se permitir tais ideias, mas que o pessoal mais novo não poderia. Não sei se tinham razão ou não, mas a ideia não parece totalmente descabida.

Continuamos a conversar e logo vimos que apenas quatro ou cinco estudantes estavam realmente interessados em prosseguir na tarefa. O seminário foi na primavera, e eles toparam trabalhar no texto durante o verão. Aí interveio novamente a organização social. O funcionamento da pós-graduação é organizado em turmas que se reúnem durante um trimestre ou um semestre, que depois se dissolvem, e em projetos que dependem em boa medida de verbas disponíveis para custeá-los. Como nenhuma dessas formas de coordenação automática existia após o período letivo do seminário, os aspirantes à coautoria não tinham nada que os obrigasse a se reunir e prosseguir no trabalho, e assim não fizeram. Nunca escreveram o artigo.

Em alguns aspectos, este capítulo corresponde àquele artigo, ao resíduo do trabalho feito pelos participantes naquela turma e por muitas outras pessoas, ao longo dos vários últimos anos. Quando o apoio dado pelas instituições financiadoras de um trabalho coletivo é tão efêmero, e se de fato há disposição para fazer o trabalho (coisa que, em geral, não acontece), um dos sobreviventes do grupo precisa assumi-lo como projeto individual. Foi o que aconteceu nesse caso.

Adendo. Eu não devia ter dito projeto "individual", pois é evidente que não foi. Realmente pratico o que prego e de fato enviei este capítulo (que, em sua versão original, era um artigo independente) a várias pessoas que me ajudaram com sugestões, que aceitei em sua maioria. Assim, entre meus colaboradores estão, além de todos os participantes dos três cursos que dei, as pessoas citadas no Prefácio.

2. *Persona* e autoridade

Rosanna Hertz, que agora é uma colega, mas na época era uma estudante muito avançada, entrou certo dia em minha sala e disse que queria conversar comigo sobre um capítulo de sua tese em andamento, que eu havia copidescado para ela. Num tom cuidadoso, que me parecia disfarçar uma dose de irritação, ela disse que concordava que o texto estava melhor – mais sucinto, mais claro, no geral muito melhor. Mas, prosseguiu, não entendia os princípios por trás do que eu tinha feito. Será que eu poderia explicá-los, repassando o texto junto com ela? Falei que eu não sabia bem quais eram os princípios que regiam meu discernimento editorial e, na verdade, eu revisava e copidescava de ouvido (explicarei essa expressão, que não implica a inexistência de regras, no Capítulo 4). Mas concordei que tentaria da melhor maneira possível. Fiquei em dúvida se eu realmente seguia algum princípio geral para editar um texto e pensei que, em caso afirmativo, eu poderia descobrir quais eram se tentasse explicá-los a ela.

Rosanna trouxe o capítulo alguns dias depois. Eu reescrevera várias partes dele, cortando inúmeras palavras, mas, esperava eu, sem afetar em nada o conteúdo de suas ideias. Era um ótimo trabalho – muitos dados, uma análise original, boa organização –, mas muito acadêmico e verborrágico. Eliminei todas as redundâncias e floreios acadêmicos, achando que ela aprovaria. Repassamos o texto, uma página por vez, e ela me questionou ponto por ponto. Nenhuma alteração envolvia termos técnicos sociológicos. Onde ela escreveu "posição unificada", substituí por "acordo", porque era mais curto. Troquei "abordou a questão de" por "falou sobre", porque era menos pretensioso. Um exemplo mais longo: onde ela escreveu "Este capítulo examinará o impacto do dinheiro ou, mais especificamente, dos rendimentos independentes nas relações entre marido e esposa, com especial atenção ao âmbito dos assuntos financeiros", troquei por "Este capítulo mostrará que os rendimentos independentes mudam a maneira como marido e esposa lidam com assuntos financeiros", pelas mesmas razões. Eliminei qualificações vazias ("tende a"), juntei frases que repetiam expressões compridas e, quando ela dizia a mesma coisa de duas maneiras em frases seguidas, removi a versão menos eficiente, explicando o que e por que fazia à medida que avançava.

Ela concordou com todas as minhas explicações *ad hoc*, mas não estávamos descobrindo nenhum princípio geral. Pedi então que ela pegasse uma página que não havia passado por mim e trabalhasse nela. Fizemos algumas linhas e aí apareceu uma frase dizendo que as pessoas que eram objeto de seu estudo "poderiam se dar ao luxo de não se preocupar a respeito de" certas coisas. Perguntei como ela achava que daria para mudar aquilo. Ela olhou, olhou e por fim disse que não via nenhuma maneira de melhorar aquela formulação. Então perguntei se ela não podia dizer simplesmente que as pessoas "não precisam se preocupar com" tais coisas.

Rosanna pensou, empinou o queixo e decidiu que era o momento de defender sua posição. "Bem, sim, é mais curto e certamente mais claro..." A ponderação ficou em suspenso de maneira tão flagrante como se ela tivesse pronunciado as reticências em voz alta. Depois de um longo e pesado silêncio, eu perguntei: "Mas *o quê*?" "Bom", disse ela, "o outro jeito tem *mais classe*."

Minha intuição me avisou que aquelas duas palavrinhas eram importantes. Falei então que ela podia me pagar todos os favores que me devia escrevendo cinco páginas explicando claramente o que queria dizer com "mais classe". Ela ficou com um ar meio embaraçado – era evidente que agora eu estava me aproveitando tanto da amizade quanto da autoridade professoral – e falou que faria. Não posso culpá-la se me fez esperar uns dois meses até entregar aquelas páginas. Mais tarde, Rosanna me contou que foi a coisa mais difícil que teve de escrever na vida, pois sabia que teria de falar a verdade.

Vou citar um longo trecho de sua carta. Mas não é apenas uma questão do caráter e da linguagem de um autor. "Mais classe" era uma pista importante, justamente porque Rosanna estava dizendo em voz alta o que muitos estudantes e profissionais nas disciplinas acadêmicas sentiam e praticavam, mas, menos corajosos, não se dispunham tanto a admitir. Eles insinuavam o que Rosanna finalmente pôs por escrito, e as insinuações me convenceram de que a atitude dela era generalizada.

A carta que recebi tinha quatro páginas em espaço duplo. Não citarei na íntegra, nem na sequência, porque Rosanna estava pensando em voz alta na hora em que redigiu e a ordem não é essencial. Ela começava observando:

> Em algum momento, provavelmente na faculdade, descobri que as pessoas que falavam bem usavam palavras difíceis, que me im-

pressionavam. Lembro que fiz dois cursos com um professor de filosofia simplesmente porque imaginei que ele devia ser muito inteligente, visto que eu desconhecia o significado das palavras que usava em aula. Minhas anotações dessas aulas são praticamente zero. Eu passava a aula anotando as palavras que ele usava e eu não conhecia, depois ia para casa e procurava o que eram. Ele me parecia tão inteligente simplesmente porque eu não o entendia... A maneira como as pessoas escrevem – quanto mais difícil o estilo da escrita – mais intelectuais elas aparentam ser.

Não por acaso, como dizem, ela aprendeu a pensar assim na graduação. O trecho mostra a perspectiva de um subordinado numa organização altamente estratificada. As faculdades e universidades, apresentando-se como comunidades de intelectuais que debatem assuntos de interesse comum com liberdade e imparcialidade, não são o que dizem ser. Os professores sabem mais, têm os títulos que provam isso, submetem os estudantes a exames e dão nota a seus trabalhos, e ocupam o topo da pirâmide, em todos os aspectos imagináveis, enquanto os estudantes ficam na base. Alguns se sentem indignados com a desigualdade, mas estudantes inteligentes que esperam ser intelectuais aceitam de bom grado. Acreditam, como Rosanna, que os professores que lhes dão aulas sabem mais e devem servir de modelos, quer façam coisas com sentido ou não. O princípio da hierarquia assegura aos estudantes que eles estão errados e o professor está certo. E os estudantes concedem os mesmos privilégios aos autores:

> Quando leio alguma coisa e não entendo na hora o que significa, sempre dou ao autor o benefício da dúvida. Suponho que é uma

pessoa inteligente e se tenho dificuldade em entender as ideias é porque não sou tão inteligente. Não suponho que o rei está nu, nem que o autor não é claro devido a alguma confusão dele mesmo sobre o que tem a dizer. Sempre suponho que é minha incapacidade de entender ou que tem ali mais coisa do que sou capaz de entender ... Suponho que, se saiu no AJS [*American Journal of Sociology*], por exemplo, a chance é de que seja bom e importante, e, se eu não entendo, o problema é comigo, visto que a revista já o legitimou.

Ela aponta mais uma questão, que outras pessoas também mencionaram. (Os sociólogos verão aqui um exemplo específico do problema geral da socialização nos mundos profissionais, como tratado, por exemplo, em Becker e Carper 1956a e 1956b.) Os pós-graduandos que estão aprendendo a ser acadêmicos sabem que ainda não são intelectuais de verdade – assim como os estudantes de medicina sabem que ainda não são médicos de verdade – e procuram ansiosamente os sinais de avanço. A sintaxe e o vocabulário abstruso da prosa acadêmica estereotipada fazem uma clara distinção entre leigos e intelectuais profissionais, assim como a habilidade dos bailarinos profissionais de ficar na ponta dos pés os diferencia dos reles mortais. Aprender a escrever como acadêmico é um passo a mais para ingressar naquela elite:

> Pessoalmente acho a escrita acadêmica maçante e prefiro passar o tempo lendo romances, mas o elitismo acadêmico faz parte da socialização de todos os estudantes de pós-graduação. O que quero dizer é que a escrita acadêmica não é a escrita corrente, pois vem redigida numa taquigrafia que apenas os integrantes da profissão conseguem decifrar. ... Creio que seja uma maneira

de ... preservar as fronteiras coletivas do elitismo. ... As ideias devem ser redigidas de uma forma que fique difícil para os inexperientes entenderem. Isso é escrita acadêmica. E se você quer ser um acadêmico, precisa aprender a reproduzir esse tipo de escrita.

(Aqui é um bom lugar para ressaltar que Rosanna, ao escrever esses trechos que estou citando, adotou deliberadamente um ponto de vista que depois veio a abandonar. Quando lhe perguntei, ela respondeu que não pensa mais que o estilo de redação tem algo a ver com a inteligência ou a complexidade das ideias.)

Ela deu alguns exemplos de escrita "com classe" que flagrou nos próprios textos, explicando por que tais locuções lhe pareciam bonitas:

Em vez de escrever "ele mora em", prefiro "ele reside em". Em vez de dizer "Os casais gastam o dinheiro a mais" (ou "dinheiro adicional" ou até "renda disponível"), eu escolheria "renda excedente". Soa mais respeitável. Um favorito meu é "fundado na disponibilidade de": tem mais classe do que "existe por causa de" (ou, ainda, "depende de"). Talvez soe mais distinto. Outro exemplo: eu poderia dizer "ajudante doméstica", mas o que escolho é "mão de obra de terceiros". Na primeira vez em que uso a expressão, ponho um "isto é" a seguir e explico. Então fico com liberdade de usar "mão de obra de terceiros" ao longo de todo o texto, e soa mais bonito. Creio que a questão aqui é que estou procurando um estilo de escrever que me faça parecer inteligente.

Nenhuma dessas locuções classudas tem qualquer significado diferente dos termos mais simples que elas substituem. Operam formalmente, não semanticamente.

Escrever com classe para parecer inteligente significa escrever para parecer e talvez até ser um determinado tipo de pessoa. Os sociólogos e outros acadêmicos agem assim porque pensam (ou esperam) que, sendo o tipo certo de pessoa, os outros se convencerão a aceitar o que eles dizem como um argumento persuasivo em ciências sociais. C. Wright Mills dizia que a

> falta de inteligibilidade imediata [na escrita acadêmica], creio eu, em geral tem pouco ou nada a ver com a complexidade do assunto, e absolutamente nada a ver com a profundidade de pensamento. Tem a ver quase exclusivamente com certas confusões do escritor acadêmico sobre seu próprio status. ... Os hábitos estilísticos dos sociólogos vêm, em grande parte, da época em que eles tinham pouco status em comparação a outros acadêmicos. O desejo de status é uma das razões pelas quais os acadêmicos escorregam tão facilmente para a ininteligibilidade. ... Para superar a *prosa* acadêmica, primeiro você precisa superar a *pose* acadêmica. (Mills 1959, p.218-9, grifo no original)

Viver como intelectual ou acadêmico faz com que a pessoa queira se mostrar inteligente para si mesma e para os outros. Mas não só inteligente. Também quer se mostrar informada, traquejada, sofisticada, informal, profissional – os mais variados tipos de coisas, muitas das quais o escritor pode insinuar nos detalhes de sua escrita. Espera que assim ela será considerada confiável. Podemos analisar o que as pessoas querem dizer quando falam ou pensam em escrever "com classe" ou de qualquer outra maneira utilizando o conceito de *persona* (Campbell 1975), se me perdoarem esse termo classudo.

Os escritores mostram suas *personae* usando recursos de estilo, mas não me deterei no estilo. Strunk e White (1959) e Williams (1981) analisam o tema e ensinam os escritores a usar os elementos de estilo com eficiência, e os leitores podem acompanhar o assunto em suas obras. (Os primeiros leitores desse manuscrito acrescentaram Bernstein 1965, Follet 1966, Fowler 1965 e Shaw 1975 como bons guias para problemas estilísticos.) Quero destacar como os escritores usam *personae* para fazer com que os leitores aceitem seus argumentos.

Tal como a pronúncia britânica indica aos ouvintes o estrato social a que pertence o falante, a prosa de um acadêmico indica aos leitores o tipo de pessoa que está redigindo. Muitos cientistas sociais e outros acadêmicos, tanto estudantes quanto profissionais, querem ser gente "com classe", que fala e escreve *daquela* maneira. Ao escrever prosa com classe, tentam ser ou, pelo menos dar a impressão de ser, gente de classe.

Mas o que é uma pessoa de classe para um acadêmico jovem ou mesmo de meia-idade? Meus palpites sobre o conteúdo de tais fantasias podem estar errados. Na verdade, essas fantasias devem variar muito, e nenhuma caracterização exclusiva fará justiça a todas elas. Imagino da seguinte maneira: um sujeito de classe, para um jovem de tipo professoral, usa paletó de tweed com reforços de couro no cotovelo, fuma cachimbo (os homens, pelo menos) e se senta na sala dos professores tomando vinho do porto e discutindo o último número do *Times Literary Supplement* ou do *New York Review of Books* com um bando de gente parecida. Vejam, não quero dizer que as pessoas com tais fantasias queiram realmente ser assim. (A jovem elegante que, com seus comentários, despertou essa reflexão jamais seria apanhada em tais trajes e acessórios.) Mas querem falar como uma pessoa dessas. Talvez não exatamente *aquela* pessoa, mas a imagem nos dá uma noção.

Quer alguns jovens acadêmicos e aspirantes a acadêmicos queiram ou não ter classe, a possibilidade nos lembra que todos escrevem de uma certa maneira, simulam um personagem, adotam uma *persona* que fala por eles. Os analistas literários sabem disso, mas raramente examinam suas consequências na escrita acadêmica. Os acadêmicos dão preferência a algumas poucas *personae* clássicas, cujos traços dão cor à sua prosa e forma aos seus argumentos, tornando o texto resultante mais ou menos persuasivo para os diversos públicos. Essas *personae* vivem num mundo de acadêmicos, pesquisadores e intelectuais, onde é útil ou agradável ser um deles.

O mundo intelectual mantém uma relação ambígua e difícil com o mundo normal, e muitos acadêmicos se preocupam com sua relação pessoal com as pessoas normais. Seremos realmente tão diferentes delas a ponto de justificar a vida privilegiada a que sentimos ter direito e que, muitas vezes, realmente levamos? Quando alegamos que estamos pensando arduamente em alguma coisa, embora, vistos de fora, estejamos apenas sentados ociosos numa poltrona, os outros devem nos deixar fazer isso? Por que teríamos meses de licença da rotina de trabalho "só para pensar"? E, sobretudo, alguém prestará alguma atenção ao que pensamos? Por quê? A *persona* que adotamos ao escrever diz aos leitores (e, por extensão, a todos os potenciais céticos) quem somos e por que devem acreditar em nós, e isso responde a todas as perguntas.

Algumas *personae* – tipos humanos genéricos – adotadas pelos autores tratam diretamente do problema das relações entre intelectuais e leigos. Muitas delas ressaltam as diferenças entre *nós* e *eles* – nossa superioridade em áreas importantes – que justificam nossa vida e mostram por que todos devem acreditar em nós. Quando mostramos classe, queremos nos ver e que os outros nos vejam como sofisticados, conhecedores do mundo, finos e inteligentes. (Tornar-se intelectual ajudou tanta gente a subir na escala social que seria tolice ignorar o significado de "ter classe".) Assim, se escrevemos com classe, mostramos que somos, de modo geral, mais inteligentes do que os seres comuns, temos sensibilidade mais refinada, entendemos coisas que eles não entendem e, portanto, devem acreditar em nós.

Essa *persona* é a que nos leva a usar uma linguagem empolada, palavras compridas em vez de curtas, difíceis em vez de simples, com frases complicadas fazendo sutis distinções, que Rosanna costumava achar tão atraentes. Nossa linguagem luta para ter a elegância que gostaríamos de sentir e encarnar.

Outros escritores adotam *personae* que ressaltam seus conhecimentos esotéricos. Gostam de parecer muito bem-informados, aqueles sabidos com "informações privilegiadas" que as pessoas comuns terão de esperar até a semana seguinte para ler no jornal. Os especialistas em assuntos relacionados de alguma maneira com os leigos – relações trabalhistas, política interna, talvez algum país que vira manchete – geralmente adoram apresentar às pessoas coisas que só eles sabem. Os "que gostam de estar por dentro", ou *"inside dopesters"*, como os chama David Riesman, apresentam-se desta forma aos leitores mostrando uma profusão de detalhes, na maioria inexplicados. Escrevem como se seu público fosse formado por pessoas que já conhecem o assunto ou, pelo menos, o pano de fundo – seja lá o que isso for – tanto quanto eles. Mencionam datas, nomes e lugares que somente um especialista vai reconhecer, e não explicam. A avalanche de conhecimentos minuciosos esmaga os leitores, que se sentem levados a aceitar o argumento do autor. Como alguém que sabe tudo aquilo poderia estar errado? (Abstenho-me de incluir exemplos detalhados, pois é muito fácil encontrá-los e também porque cada área tem suas variantes, que os leitores encontrarão e analisarão por conta própria, espero eu.)

James Clifford descreveu a *persona* antropológica clássica, (mais ou menos) inventada por Bronislaw Malinowski, que persuade o leitor de que o argumento exposto é correto pois, afinal de contas, o antropólogo estava lá:

> Malinowski nos dá a própria imagem do novo "antropólogo" – acocorado junto à fogueira do acampamento, observando, ouvindo e perguntando, registrando e interpretando a vida dos trobriandeses. A patente literária dessa nova autoridade é o primeiro capítulo de *Argonautas* [*do Pacífico Ocidental*], dando lugar de grande destaque às fotografias da barraca do etnógrafo montada entre as moradias kiriwianas. (Clifford 1983, p.123)

Clifford identifica alguns dos recursos estilísticos que Malinowski usou para projetar a *persona* eu-estava-lá: 66 fotografias, uma "Relação cronológica de eventos kula presenciados pelo autor" e uma "alternância constante entre uma descrição impessoal da conduta típica e afirmações da ordem de 'Eu presenciei...' e 'Nosso grupo, vindo do norte...'". Segundo ele, tais recursos funcionam para reivindicar uma "autoridade conferida pela experiência"

> baseada numa "sensibilidade" ao contexto estrangeiro, numa espécie de compreensão e percepção do estilo de um povo ou de

um lugar. ... A alegação de Margaret Mead de captar o espírito ou o princípio subjacente de uma cultura por meio de uma elevada sensibilidade à forma, ao tom, ao gesto e aos estilos de comportamento, ou a ênfase de Malinowski sobre sua vida na aldeia e a compreensão derivada das *"imponderibilia"* [os imponderáveis] da existência cotidiana são casos ilustrativos. (Clifford 1983, p.128)

Os cientistas sociais que fazem trabalho de campo ao estilo da antropologia usam recursos semelhantes para exibir uma *persona* que reivindica autoridade baseando-se no conhecimento íntimo. Um exemplo clássico é a descrição de William Foote Whyte (1943, p.14-25), em seu estudo sobre o boliche e os desempregados, que todos os sociólogos conhecem.

Apresentei algumas amostras de redação "com classe" de Rosanna Hertz. É muito mais difícil dar exemplos de redação que projetam a *persona* de autoridade. O texto só terá esse caráter de autoridade na relação com um determinado público. Se o autor fornece o nome do primeiro presidente do Sindicato dos Padeiros e cita a data de aprovação da Lei Wagner, não causará num especialista em relações trabalhistas a mesma impressão que causa num leitor menos especializado. Assim, a autoridade não é intrínseca ao texto. Tais recursos funcionam apenas com um público que não conhece a área. (Mas pode ser necessário usar os mesmos recursos para convencer os especialistas de que você sabe do que está falando. Uma especialista na história da fotografia me alertou certa vez que seus colegas iriam ignorar um artigo meu sobre fotografia, pois eu tinha escrito o nome de Mathew Brady com dois *t* e o de Georgia O'Keeffe com um *f* só.)

Muitas *personae* acadêmicas dão uma aparência de autoridade geral aos autores, com direito à última palavra sobre qualquer coisa de que estejam falando. Os autores que adotam essas *personae* adoram corrigir os erros dos leigos, dizer categoricamente aos leitores o que acontecerá em alguma delicada situação internacional cujo desfecho nem conseguimos imaginar, explicar que "nós, cientistas" ou "nós, sociólogos" sabemos de coisas que os leigos interpretam erroneamente.

Essas autoridades falam com imperativos: "Devemos reconhecer...", "Não podemos ignorar...". Falam com o "se" do impessoal fazendo tal ou tal coisa, em vez de usar a primeira pessoa. (Alguns gramáticos julgam que o pronome reflexivo impessoal "se" não pode ser usado substituindo a primeira pessoa. Decerto nunca encontraram autoridades como as que eu conheço.) Essas autoridades usam a voz passiva para indicar que suas afirmações dependem muito pouco delas pessoalmente, ou melhor, refletem a realidade a que têm acesso graças a seu especialíssimo conhecimento. Latour e Woolgar (1979) mostram que os cientistas de laboratório costumam usar um estilo de autoridade muito típico, que oculta todos os traços da atividade humana comum que levou a seus resultados. (Gusfield 1981 e Latour e Bastide 1983 investigam esse problema mais a fundo e dão outros exemplos.)

Alguns escritores adotam uma linha Will Rogers, que é a *persona* que eu prefiro. Somos apenas uns caras simples, muito mais parecidos do que diferentes das pessoas comuns. Talvez a gente saiba algumas coisinhas que os outros não sabem, mas não é nada de especial. "Pessoal, vocês iam pensar igual a mim se estivessem lá e vissem o que eu vi. É só que eu tive tempo ou me dei ao trabalho de estar lá, e vocês não foram ou não puderam ir, mas me deixem contar como é." Algo do gênero. (Na verdade, esse livro inteiro é um extenso exemplo dessa *persona*.)

Esses escritores querem usar sua semelhança, sua identidade com as pessoas comuns, para persuadir os leitores de que têm razão no que dizem. Escrevemos de maneira mais informal, preferimos os pronomes pessoais, apelamos ao que nós e o leitor sabemos, mais do que àquilo que sabemos e o leitor não sabe.

Todo estilo, portanto, é a voz de alguém que o autor quer ser ou parecer ser. Não examinei aqui todos os tipos. Um estudo propriamente dito começaria com uma análise completa das principais vozes que os acadêmicos e intelectuais usam para escrever. Esse estudo ambicioso vai além das necessidades deste livro. (Vários cientistas sociais já começaram a tarefa. Além de Clifford 1983, veja Geertz 1983 sobre antropologia e McCloskey 1983 e McCloskey num artigo inédito sobre economia.)

Essa análise das *personae* pode sugerir que há algo de ilegítimo em falar com essas diferentes vozes. Bom, é claro que você pode usar esses recursos de modo ilegítimo, para disfarçar impropriedades do argumento ou dos dados. Mas, de modo geral, em parte aceitamos um argumento quando está claro que o autor conhece a área (inclusive o nome dos presidentes do Sindicato dos Padeiros) ou tem uma cultura geral sofisticada que respeitamos – e isso, se não é lógico, é ao menos plenamente razoável. Um autor não pode ser ninguém; então, todo autor é necessariamente alguém. Pode ser alguém que os leitores respeitam e em quem acreditam.

A lista de *personae* disponíveis varia entre as disciplinas acadêmicas, pois uma das fontes das *personae* são professores ou personalidades famosas na área. Admirando os professores, os estudantes imitam não só seus maneirismos pessoais, mas também a maneira como escrevem, sobretudo quando esse estilo projeta uma personalidade característica. Assim, muitos filósofos adotaram a *persona* arrogante, desconfiada, hesitante de Ludwig Wittgenstein, bem como seu estilo coloquial e espicaçador na prosa. Da mesma forma, muitos sociólogos que optaram pela etnometodologia enfeitavam seus artigos com as infindáveis listas e qualificações do fundador da disciplina, Harold Garfinkel.

Imitar os professores é a forma específica de uma tendência geral de indicar filiações teóricas e políticas segundo a maneira de escrever. Os acadêmicos se preocupam muito com a "escola" a que pertencem, e com boas razões, visto que muitas áreas, divididas em inúmeras facções, premiam e castigam as pessoas pelas filiações que mostram. As disciplinas raramente agem com o rigor ou a impiedade que os autores imaginam, mas acadêmicos nervosinhos não se dão conta plenamente dos perigos. Você pode mostrar facilmente suas filiações usando o vocabulário codificado de uma escola, que é diferente do usado pelos seguidores de outras escolas, em parte porque as teorias a que pertencem tais terminologias conferem um sentido ligeiramente diferente às palavras. Assim, por exemplo, as teorias sociológicas, em sua maioria, baseiam-se na ideia de que as pessoas recriam continuamente a sociedade fazendo, dia após dia, as coisas que reafirmam que este é o modo como as coisas são feitas. Você pode dizer que as pessoas criam a sociedade agindo como se ela existisse. Pode dizer, se for um teórico marxista, que as pessoas reproduzem as relações sociais na prática cotidiana. Se você for um interacionista simbólico ou um adepto de Berger e Luckmann, pode falar em construção social da realidade.

Não são apenas palavras diferentes. Elas expressam concepções diferentes. Mas não muito diferentes. Um vocabulário codificado nem sempre tem um núcleo de sentido único, mas continuamos a usá-lo, pois, se usássemos outras palavras, as pessoas poderiam pensar que pertencemos, ou gostaríamos de pertencer, a alguma outra escola. Essa finalidade de indicar a filiação, no uso dos recursos estilísticos, fica especialmente clara quando o autor diz coisas que entram em conflito com a teoria indicada pela linguagem, isto é, quando o desejo de dizer "Sou funcionalista" ou "Sou marxista" é maior do que o desejo de dizer o que pretende. (Stinchcombe desenvolve essa ideia num artigo citado e discutido no Capítulo 8.)

John Walton, quando leu uma versão anterior deste livro e refletiu sobre sua experiência de dar um seminário mais ou menos parecido com o meu, apontou que muitas vezes

> as pessoas querem muito mostrar sua bandeira teórica, indicar ao leitor sofisticado (professor ou editor) que estão no lado certo de uma questão controversa. Vejo isso principalmente em textos que querem transmitir uma sofisticação no marxismo sem parecer ortodoxia ou capaz de ser rotulada como tal. Um termo como "formação social" inserido no lugar certo diz a outros sofisticados o que você quer, sem trazer muito risco.

Walton aponta uma coisa importante entre parênteses – queremos indicar a alguém em particular, não a uma abstração. Quem é essa pessoa depende do campo em que estamos operando, e os campos costumam ser mais regionalizados do que imaginam os escritores acadêmicos, principalmente para os estudantes. Os sociólogos e outros professores que vejo em Chicago expressam críticas e preocupações diferentes das que

Walton vê em Davis, na Califórnia, e nós dois temos públicos profissionais mais amplos que também são diferentes entre si.

Lembre que os escritores acadêmicos se filiam a escolas de pensamento e adotam posições políticas quando ainda estão na pós-graduação. Isso explica outra fonte importante dos problemas estilísticos. Quando debati com os estudantes a maneira como eles escreviam – quando sugeri a Rosanna que escrevesse de um jeito que, para ela, não tinha classe –, eles me disseram que eu estava errado porque era *assim* que os sociólogos escreviam. Passei muito tempo argumentando até entender a que eles se referiam.

É à questão da profissionalização. Os aspirantes à carreira acadêmica se preocupam se já são, se podem algum dia vir a ser ou mesmo se querem ser aquela espécie de intelectuais profissionais em que estão se transformando. Os estudantes do segundo, terceiro ou quarto ano da pós ainda não foram "ordenados". Podem estar na dúvida. Ainda não passaram pela seleção final. Podem ser expulsos. A banca pode rejeitar a tese. Quem sabe o que pode acontecer?

Essa incerteza cria outra razão (além das abordadas acima) para o pensamento mágico e as práticas rituais. Se você agir como se já fosse um cientista social, pode enganar a todos e ser aceito como tal, e até enganar a si mesmo. Escrever é uma das poucas maneiras como um pós-graduando pode agir como profissional. Tal como os estudantes de medicina só podem fazer algumas das coisas que compõem a rotina de um médico de verdade, os pós-graduandos não se tornam profissionais enquanto não receberem o diploma de doutorado. Até lá, podem dar aulas como professores auxiliares e trabalhar em projetos de terceiros, mas não serão levados a sério como alguém realmente titulado. Pelo menos é o que pensam, e estão basicamente corretos, e assim adotam o que veem ao seu redor, o estilo em que são escritos os livros e artigos de periódicos especializados, como uma sinalização adequada de sua pertença àquele meio.

Que tipo de redação pode desempenhar essa função para eles? Não a prosa simples. Isso qualquer um pode fazer. Os estudantes têm as atitudes de muitos públicos de arte em relação aos modos "comuns" de expressão:

> Os inovadores artísticos muitas vezes procuram evitar o que consideram como excessivo formalismo, esterilidade e hermetismo de seu veículo explorando as ações e objetos da vida cotidiana. Coreógrafos como Paul Taylor e Brenda Way usam a corrida, o salto e a queda como movimentos de dança convencionalizados, em vez dos movimentos mais formais do balé clássico ou mesmo da dança moderna tradicional. ... [Mas] os públicos menos envolvidos, para distinguir entre arte e não arte, procuram exatamente os elementos formais convencionais que os inovadores tentam substituir. Eles não vão ao balé para ver gente correndo, pulando e caindo: podem ver isso em qualquer lugar. Vão é para ver gente fazendo os movimentos formais difíceis e esotéricos que constituem "a verdadeira dança". A capacidade de ver material comum como material artístico – enxergar que correr, saltar e cair não são apenas isso, mas compõem os elementos de uma outra linguagem do mesmo veículo – é, portanto, o que diferencia os membros realmente sérios do público daqueles membros apenas socializados culturalmente, e a ironia é que estes últimos conhecem muito bem tais materiais, só que não os reconhecem como materiais artísticos. (Becker 1982a, p.49-50)

Os estudantes são assim. Conhecem a linguagem simples, mas não querem usá-la para expressar o conhecimento que ganharam a duras penas. Lembre aquele estudante que disse: "Puxa, Howie, quando você diz assim, fica de um jeito que qualquer um pode dizer." Se você quer se convencer de que o tempo e o esforço para conseguir o diploma valem a pena, de que você está se transformando em algo que mudará sua vida, então você quer parecer diferente, não igual a todos os outros. Isso explica um círculo vicioso realmente maluco, em que os estudantes repetem os piores excessos estilísticos que aparecem nas revistas acadêmicas, aprendem que são esses mesmos excessos que diferenciam seus trabalhos daquilo que qualquer idiota sabe e diz, escrevem mais artigos como aqueles com que aprenderam, submetem esses artigos a periódicos cujos editores os publicam porque não há nada melhor à disposição (e porque os periódicos acadêmicos não podem se permitir muitas despesas com edição de texto) e, assim, fornecem a matéria-prima que ensinará maus hábitos a mais uma geração.

Eu pensava que a ideia que "eles" faziam quando a gente escreve dessa maneira era mera paranoia estudantil. Quando publiquei o primeiro capítulo deste livro em *The Sociological Quarterly*, os editores receberam uma carta apontando algumas das mesmas questões:

> Sugerimos que uma voz nova, um "desconhecido" na área hoje precisa conquistar o "respeito" da profissão com a compilação de um volume considerável de pesquisa *e redação tradicional* antes de ter autorização para adotar o estilo direto e despojado defendido por Becker. Alguns editores de periódicos podem estar "autorizados" a utilizar esse estilo e, assim, são receptivos a ele

quando alcançam posições editoriais; todavia, a receptividade dos editores pode ser um aspecto discutível, visto que a maioria das publicações conta com pareceristas. Talvez alguns pareceristas sejam receptivos a esse estilo de escrita, mas talvez a maioria não seja. Os artigos que são prolixos, pretensiosos e enfadonhos ainda abundam na sociologia. ... Questionamos se é prudente aconselhar os estudantes e os docentes recém-ingressados no mundo do "publicar ou morrer" a abandonarem o estilo rígido e pesado da disciplina. ... Atualmente, e no futuro provável, os estudantes de pós-graduação ... "aprendem" a escrever lendo o que está escrito. Geralmente encontram escritos enfadonhos, prolixos, pretensiosos, perpetuando o problema e sugerindo que a maioria dos pareceristas espera tal estilo empolado. (Hummel e Foster 1984, p.429-31, grifo meu)

3. A Única Maneira Certa

Os ESCRITORES ACADÊMICOS têm de organizar seu material e expor um argumento com clareza suficiente para que os leitores possam acompanhar o raciocínio e aceitar as conclusões. Dificultam a tarefa mais do que o necessário quando pensam que existe uma Única Maneira Certa de fazer, quando pensam que cada artigo que escrevem tem uma estrutura predeterminada que precisam encontrar. Por outro lado, simplificam a tarefa quando reconhecem que existem muitas maneiras eficientes de dizer alguma coisa e precisam apenas escolher e empregar uma delas para que os leitores saibam o que eles estão fazendo.

Tenho muitos problemas com estudantes (e não só com eles) quando leio seus artigos e sugiro alterações. Ficam calados, nervosos e encabulados quando digo que é um bom começo, você só precisa fazer isso, aquilo e aquilo outro e vai ficar bom. Por que eles acham que há algo de errado em modificar o que eles escreveram? Por que são tão ariscos para reescrever?

Pode ser preguiça. Você pode concluir (o Capítulo 9 trata disso) que daria trabalho demais refazer. Você simplesmente não está mais a fim de digitar uma página toda de novo ou fazer um corta-e-cola.

Mas, em geral, estudantes e acadêmicos relutam em reescrever porque são subordinados numa instituição hierárquica, normalmente uma escola. A relação senhor–escravo ou patrão–operário, característica das escolas, fornece várias razões para não quererem reescrever, muitas delas plenamente sensatas. Os professores e administradores pretendem que os sistemas de premiação de suas escolas incentivem o aprendizado. Mas esses sistemas geralmente ensinam os graduandos a tirar boas notas em vez de se interessar pelos temas que estudam ou em fazer algo realmente bom. (Essa discussão se baseia na pesquisa apresentada em Becker, Geer e Hughes 1968.) Os estudantes tentam descobrir, perguntando aos monitores e se baseando na experiência de outros estudantes, o que exatamente precisam fazer para tirar boas notas. Quando descobrem, fazem o que aprenderam que é necessário fazer, e só. Poucos estudantes aprendem (e aqui podemos nos basear em nossas lembranças pessoais como estudantes e professores) que precisam reescrever ou revisar qualquer coisa que seja. Pelo contrário, aprendem que um estudante realmente inteligente faz o trabalho uma vez, da melhor maneira que é possível, numa tacada só. Se você não se importa muito com o trabalho que está fazendo – se é apenas uma tarefa para um curso e você calcula que vale apenas aquele tanto de esforço e nada mais –, então provavelmente você faz de uma vez só, e dane-se. Você tem coisas melhores para fazer com seu tempo.

As escolas também ensinam os estudantes a tomar a redação como uma espécie de teste: o professor passa o problema e você tenta resolver, e aí vai para o problema seguinte. Uma chance por problema. Refazer o teste é, de certa forma, "trapacear", ainda mais se você agora tem a vantagem de ter recebido orientações de outra pessoa depois da primeira tentativa. Em certo sentido, deixa de ser um teste imparcial de suas capacidades. Você pode ouvir o professor da sexta série perguntando: "Foi você que fez tudo sozinho?" Um estudante pode achar que é ajuda e trapaça o que gente mais experiente consideraria positivamente como reação crítica de leitores entendidos no assunto.

Joseph Williams me sugeriu que os estudantes, sendo jovens, simplesmente não têm a experiência de vida que os deixaria usar a imaginação para sair de seu próprio mundo egocêntrico. Assim, não conseguem imaginar a reação de um público nem a possibilidade de outro texto que não seja o que já fizeram. Pode ser verdade. Mas a falta de experiência talvez derive não tanto da idade, e sim da maneira como as escolas infantilizam os jovens. Os estudantes de pós-graduação, sem dúvida, avaliam com mais perspicácia a necessidade de reescrever quando, pensando em participar de um congresso profissional, anteveem os ataques de totais desconhecidos à lógica, aos dados e à prosa do artigo que apresentariam.

Tais razões talvez expliquem por que as pessoas não reescrevem seus textos, mas não a vergonha e o constrangimento que sentem à mera ideia de reescrevê-los. Esses sentimentos também têm origem nas escolas. Ninguém associado às escolas, sejam professores ou administradores, explica aos estudantes como os textos que leem – manuais ou relatórios de pesquisa de seus próprios professores, por exemplo – são realmente feitos. De fato, como eu disse antes (citando Latour, Shaughnessy e outros), a separação entre trabalho acadêmico e docência em quase todas as escolas oculta o processo aos estudantes. (Assim como, segundo Thomas Kuhn, as histórias da ciência ocultam todos os erros e tropeços nos programas de pesquisa que produziram os sucessos enaltecidos por elas.) Como os estudantes nunca veem seus professores e menos ainda os autores dos manuais de curso com a mão na massa, não sabem que todos eles refazem as coisas, em vez de tratar o trabalho profissional como uma espécie de teste. Os estudantes não sabem que faz parte da rotina de editores de periódicos devolver os artigos para revisão, que as editoras contratam preparadores para melhorar o texto dos livros que serão publicados. Não sabem que todos passam por revisão e edição de texto, e que não são meros procedimentos de emergência apenas para casos de escandalosa incompetência profissional.

Os estudantes veem seus professores, e os autores dos livros de curso recomendados pelos professores, como autoridades também por outra razão evidente: estão acima deles na hierarquia acadêmica. Eles são os chefes, que dão notas e julgam se o trabalho dos estudantes tem qualidade suficiente. A menos que concluam que as instituições de ensino que frequentam são fraudes (e é surpreendente como são poucos que fazem isso, considerando as provas que têm diante de si), os estudantes aceitarão a proposição organizacional implícita de que as pessoas que dirigem as escolas sabem o que estão fazendo. Assim, não só seus superiores acadêmicos – até onde eles podem ver – nunca reescrevem nada, como também fazem "certo" já da primeira vez. Os estudantes aprendem e realmente acreditam, pelo menos por algum tempo, que os "escritores de verdade" (ou "profissionais" ou "gente inteligente" de verdade) fazem certo de primeira. Só os otários precisam refazer. Essa pode ser mais uma versão da mentalidade de teste: a habilidade de acertar na primeira vez mostra uma capacidade superior. Isso também é hierarquia, em sua plenitude, em seu pior: os subordinados aceitando avaliações – como notas e observações dos professores, que são legitimadas pela estratificação da academia e da titulação – como avaliações definitivas e inquestionáveis do valor pessoal deles. (Becker, Geer e Hughes 1968, p.116-28, apresentam dados detalhados para tal interpretação.)

Todas essas ideias – sobre não reescrever, sobre o trabalho escolar como sinal de valor – se baseiam na falsa premissa de que existe uma "resposta certa", a "melhor maneira" de fazer as coisas. Alguns leitores vão pensar que estou criando um estereótipo, que os discentes e docentes sérios sabem que não existe uma Única Maneira Certa. Mas discentes e docentes realmente acreditam que há uma Única Maneira Certa, porque as instituições a que pertencem encarnam essa ideia. As ideias da resposta certa e da melhor maneira encontram abrigo natural na hierarquia. As pessoas em geral acreditam que os ocupantes dos escalões mais altos nas organizações hierárquicas sabem mais e melhor do que os dos escalões mais baixos. Não, não sabem. Estudos das organizações mostram que os superiores até podem saber mais sobre algumas coisas, mas geralmente sabem muito menos sobre muitas outras coisas. Sabem até menos sobre a atividade central da organização, que você imaginaria que conhecem bem. Mas a teoria oficial da organização e, normalmente, da sociedade em torno dela, ignora tais resultados, sustentando que os mais graduados realmente sabem mais. O que eles sabem, de fato, é por definição a "resposta certa".

Por mais que as verdadeiras autoridades sobre certo assunto saibam que nunca existe só uma resposta certa, e sim inúmeras respostas provisórias disputando atenção e aceitação, os estudantes, em particular os graduandos, não gostam desse tipo de conversa. Para que se dar ao trabalho de aprender alguma coisa que não é verdade, se amanhã terão de aprender outra coisa no lugar dela? E tampouco os acadêmicos que acreditam na verdade, se foram eles mesmos que a descobriram ou são apenas seguidores dos descobridores, gostam desse tipo de conversa. Os líderes da área devem saber. O que eles sabem é o que está no livro. Esta é a verdadeira hierarquia, como se vê com máxima clareza quando uma experiência química feita em sala de aula não tem o resultado "correto" e o professor diz aos estudantes o que devia ter acontecido e o que, portanto, devem anotar em seus cadernos. (Sim, isso acontece *de verdade*.)

Se existe só uma resposta certa, e se você acredita que as autoridades que dirigem a instituição onde você trabalha a conhecem, então você sabe que sua tarefa é descobrir essa resposta e reproduzi-la quando necessário, assim mostrando que merece ser premiado, e talvez até se tornar um dos guardiões. Esta é a versão do estudante de graduação. Uma versão um pouco mais sofisticada aflige pós-graduandos e profissionais. Como o que você está escrevendo é algo novo, ainda não existe a Única Maneira Certa, mas seu ideal platônico existe em algum lugar e cabe a você encontrá-lo e pô-lo no papel. Imagino que muitos de nós gostaríamos que os leitores sentissem que encontramos a maneira certa predeterminada de dizer o que dizemos, parecendo que só poderia ser dito dessa maneira. Mas os escritores pra valer descobrem aquela forma perfeita (isto é, a forma que faz o que eles querem que seja feito, muito embora não seja a única possível) somente depois de longa exploração, e não da primeira vez.

Harvey Molotch tratou a questão da seguinte maneira, numa mensagem a mim:

> Um problema do pessoal que escreve é a ideia que eles têm na cabeça de que uma determinada frase, parágrafo ou artigo pre-

cisa ser o *certo*. A formação deles num campo de "fatos", no enaltecimento das "respostas certas" – inclusive a abordagem "certa" em seus livros de química experimental ou de composição em inglês – deixa-os paralisados na frente do computador. O problema deles é que existem muitas frases certas, muitas estruturas certas para um ensaio... Precisamos nos libertar da ideia de que existe apenas uma maneira CORRETA. Se não nos libertamos, a contradição com a realidade nos asfixia totalmente, visto que não é possível demonstrar com clareza (para nós mesmos) qual frase, parágrafo ou artigo é o certo. Os estudantes veem suas palavras saírem, mas é claro que essas palavras – num primeiro rascunho – não passam nem no teste do "Razoável", e muito menos no do CORRETO e da ESSÊNCIA PERFEITA DO CORRETO. Não tendo o conceito de tentativa, de um primeiro rascunho, de *n* rascunhos, só podem mesmo sentir frustração diante do fracasso. Depois de algum tempo, a pessoa vê as primeiras formulações *mentais* de um parágrafo ou de um artigo sendo claramente reprovadas nesse teste – e aí ela nem começa: sofre o bloqueio do escritor. O medo do fracasso *tem fundamento*, pois *ninguém* passaria nesse teste imposto a si próprio de obter a única versão correta, e esse fracasso fica evidente de modo muito especial (e desgastante) na fase do primeiro rascunho.

Algumas dificuldades de escrita muito correntes e específicas têm origem nessa atitude: o problema de começar e o problema sobre "a maneira de organizar". Nenhum deles tem uma solução única. Tudo o que você fizer será uma conciliação entre possibilidades conflitantes. Isso não significa que você não chegará a soluções exequíveis; significa apenas que não pode contar que encontrará a única solução perfeita, que estava ali o tempo inteiro à espera de ser encontrada.

Geralmente os escritores, mesmo profissionais, têm problema em começar. Começam e recomeçam várias vezes, inutilizando resmas de papel, retrabalhando sem cessar a primeira frase ou parágrafo, à medida que julgam cada nova tentativa insatisfatória sob algum novo aspecto. Começam assim porque acreditam que existe uma Única Maneira Certa. E pensam que, se pelo menos conseguissem encontrar a Maneira Certa de começar, todo o resto viria por si só e desapareceriam todos os outros problemas que eles temem estar à espreita. Eles próprios se condenam ao fracasso.

Imagine que estou expondo meu estudo sobre os professores da rede de ensino público em Chicago. (Uso como exemplo, sem falsa modéstia, esse velho documento, minha tese de doutorado, porque conheço bem o tema e porque os problemas ilustrados ainda afligem os estudantes, os quais poderão ver algum proveito nas soluções que apresento.) Em termos amplos, o estudo abordava a raça, a classe social, a cultura profissional e a organização institucional. Como vou começar? Posso dizer: "A cultura do professor de escola define os alunos de classe baixa, especialmente negros, como difíceis de trabalhar. Em consequência disso, os professores evitam essas escolas, transferindo-se para escolas de classe mais alta tão logo o tempo de carreira lhes permite, e isso, por sua vez, significa que as escolas das classes baixas estão sempre preenchidas por professores novos e inexperientes." Embora eu esteja falando de uma tese concluída e aprovada em 1951, ainda tenho dificuldade em redigir uma frase introdutória concisa. (Imagine eu tentando fazer isso em 1951, quando ainda nem sabia bem do que tratava a tese.) Quando olho a frase que acabei de datilografar, posso pensar: "Espere aí, quero *mesmo* dizer 'cultura do professor de escola'? Afinal, não é exatamente cultura no sentido antropológico estrito, é? Quer dizer, não a transmitem de uma geração a outra, e ela não cobre todos os aspectos da vida, não é um 'projeto de vida'. Se eu usar cultura, tenho certeza de que vai dar problema, e mereço, pois estarei dizendo algo que não é o que pretendo." Então jogo aquela folha no cesto de lixo e tento outra vez.

Posso trocar "cultura" por "crenças em comum" e me sentir mais satisfeito assim. Mas aí eu vejo que estava falando em classes e lembro o emaranhado de implicações que cercam todas as maneiras como os sociólogos falam de classe. A que versão me refiro? À de W. Lloyd Warner? À de Karl Marx? Posso decidir voltar mais uma vez à bibliografia sobre classes sociais antes de usar o termo. Aí ponho outra folha na máquina de escrever. Mas agora percebo que disse: "Como resultado de tal ou tal coisa, os professores alguma outra coisa." É uma afirmação causal bem direta. Será que eu realmente penso que a causalidade social opera assim? Não é melhor usar alguma expressão menos comprometedora? Em suma, qualquer formulação me levaria por algum caminho que eu não tinha explorado inteiramente e talvez não quisesse seguir, se entendesse de fato o que estaria abraçando. Os comentários mais simples tinham implicações que talvez eu não quisesse, e nem sabia que estava sugerindo tais implicações. (Os leitores curiosos podem ver o que acabei escrevendo em Becker 1980.)

É por isso que as pessoas fazem um plano geral. Quando você faz um esboço de todo o quebra-cabeça, ele mostra para onde você está indo, ajuda a captar todas as implicações, a evitar todas as armadilhas e a fazer tudo certo. Você encontrará a Única Maneira Certa. Um esboço pode ajudá-lo a começar, mesmo que não aponte o Caminho, mas somente se for tão detalhado a ponto de se converter no próprio artigo, e não seu mero esqueleto. É o mesmo problema, em forma levemente diferente.

O problema das implicações indesejadas aparece de modo especialmente difícil nas apresentações e introduções. Quando eu ainda estava na pós-graduação, Everett Hughes me disse para deixar a introdução por último. "Uma introdução pretende apresentar. Como você vai poder apresentar algo que ainda não escreveu? Você não sabe o que é. Ponha por escrito e aí você poderá apresentar." Ao fazer assim, descubro que disponho de uma variedade de introduções possíveis, todas elas corretas sob algum aspecto, todas elas trazendo um enfoque levemente diferente a minhas ideias. Não preciso encontrar a Única Maneira Certa para dizer o que quero dizer; o que preciso é descobrir o que quero dizer. Mas escrever uma introdução fica mais fácil depois de dizer tudo e saber bastante bem o que quero dizer do que no momento em que estou escrevendo a primeira frase. Se escrevo minhas frases introdutórias depois de terminar o corpo do texto, o problema da Única Maneira Certa se torna menos premente.

O receio de se comprometer com as implicações de uma formulação inicial também explica por que as pessoas começam com aquelas frases e parágrafos vazios tão frequentes na escrita acadêmica. "Este estudo trata do problema das carreiras" ou "A raça, a classe, a cultura profissional e a organização institucional afetam o problema do ensino público". Essas frases mostram uma típica manobra para se esquivar, apontando alguma coisa sem dizer nada ou quase nada sobre ela. *O que há nas carreiras? Como todas essas coisas afetam o ensino pú-*

blico? As pessoas que montam um plano geral fazem a mesma coisa criando tópicos, em vez de frases. No instante em que você converte os títulos dos tópicos em frases não vazias, retornam os problemas que o plano geral tinha resolvido.

No entanto, muitos cientistas sociais pensam que estão fazendo um bom trabalho quando começam de modo evasivo. Revelam os dados e provas um por vez, como pistas numa história de detetive, esperando que os leitores acompanhem tudo direitinho até apresentarem triunfalmente o bombástico parágrafo final, que sintetiza argumentos e provas ao mesmo tempo. Talvez façam isso por pudor científico, que proíbe afirmar uma conclusão antes de apresentar todas as provas (o que ignora o ótimo exemplo das demonstrações matemáticas, que começam afirmando a proposição a ser demonstrada). Os pesquisadores muitas vezes apresentam os resultados de levantamentos estatísticos dessa maneira. Por exemplo, uma tabela mostra que a classe e o preconceito racial guardam relação direta. A tabela seguinte mostra que isso é verdade apenas quando você toma o nível de ensino como uma constante. Outras tabelas, mostrando o efeito da idade ou da etnia, complicam ainda mais as coisas, e assim por diante, numa longa sucessão de itens, antes que finalmente apareça a conclusão fundamentada nessa reunião de dados.

Muitas vezes recomendo a esses aspirantes a Conan Doyle que simplesmente ponham em primeiro lugar aquele triunfante parágrafo final, dizendo aos leitores para onde se dirige o argumento e o que todo esse material demonstrará ao fim. Isso traz à tona a outra razão para tal cautela: "Se eu já entrego o resultado de início, ninguém vai ler o resto do que escrevi." Mas os artigos científicos raramente lidam com material carregado de tanto suspense a ponto de justificar esse formato. Se você põe logo no começo o parágrafo que entrega o segredo da coisa, então pode voltar e citar explicitamente as seções do trabalho que contribuem para chegar ao resultado, em vez de precisar esconder sua função numa prosa que não se compromete com nada.

Suponha que você está apresentando, como fez Prudence Rains (1971), os resultados de um estudo sobre mães solteiras. Você *pode* começar o livro ao clássico estilo evasivo: "Este estudo examina as experiências de mães solteiras, com especial atenção a suas carreiras, aos aspectos morais de sua situação e à influência dos agentes sociais." Sem entregar nada, esse começo fornece ao leitor um conjunto de penhores em caução que serão trocados mais adiante (se o autor cumprir a promessa e resgatar sua promissória) por frases apresentando relações reais entre entidades reais.

Felizmente, não foi o que fez Rains. Em vez disso, ela escreveu uma introdução exemplar, que explica exatamente o que o resto do livro analisará em detalhe. Cito por extenso:

> Tornar-se mãe solteira é o resultado de uma sequência específica de eventos que começa com incursões pela intimidade e pela sexualidade, resulta na gravidez e termina com o nascimento de um filho ilegítimo. Muitas jovens não têm relações sexuais antes do casamento. Muitas que têm, não engravidam. E as que engravidam quando solteiras, em sua maioria, não permanecem solteiras. As jovens que se tornam mães solteiras, neste sentido, compartilham uma mesma trajetória, que consiste nos passos pelos quais vieram a ser mães solteiras em vez de noivas, clientes de clínicas de aborto, amantes com práticas anticoncepcionais ou jovens damas virtuosas.

Os aspectos mais importantes dessa trajetória são morais, pois a sexualidade, a gravidez e a maternidade são assuntos intimamente ligados a concepções sobre a respeitabilidade feminina e vinculados às concepções das mulheres sobre si mesmas. Tornar-se mãe solteira não é apenas um problema pessoal e prático; é o tipo de problema que obriga a uma explicação pública, levanta questões do passado e, acima de tudo, põe em questão o tipo de pessoa que a mãe solteira era e é.

A trajetória moral de uma mãe solteira, neste sentido, se assemelha às trajetórias morais de outras pessoas cujas ações são tratadas como desvios e cujas identidades ganham implicações públicas. Para a trajetória moral de tal pessoa, são importantes, se não centrais, as esferas de ação social com que ela pode entrar em contato como resultado de sua situação. Instituições e esferas de ação social, sejam ligadas à reabilitação, ao encarceramento, à assistência ou à punição, fornecem e impõem interpretações da situação atual da pessoa, do passado que levou a isso e das possibilidades futuras. (Rains 1971, p.1-2)

Essa introdução, apresentando o mapa do percurso que o autor fará junto com os leitores, permite-lhes que liguem qualquer parte do argumento à sua estrutura geral. Os leitores com um desses mapas raramente se confundem ou se perdem.

No entanto, frases vazias e evasivas constituem, de fato, uma boa maneira de começar um primeiro rascunho. Dão uma margem de liberdade num momento em que você não quer ou não precisa se comprometer e, mais importante, permitem que você comece. Escreva alguma frase assim e pode seguir em frente, sem se preocupar se deu um passo errado, pois, na verdade, você ainda não deu nenhum passo. Precisa apenas se lembrar, depois de escrever tudo o que você tem a dizer, de voltar àquelas frases que estão ali apenas preenchendo espaço e substituí-las por frases reais, que dizem o que você pretende.

Suponha que adoto esse conselho e começo em algum outro lugar. Se não começo pelo começo, por onde começo? O que escrevo em primeiro lugar? Não vou ficar comprometido com o que escrever, como ficaria com uma primeira frase? Uma frase não contém em si de alguma maneira, pelo menos por implicação, a totalidade do argumento? Claro. E daí? Lembre que qualquer frase pode ser modificada, reescrita, eliminada ou contestada. Isso lhe permite escrever qualquer coisa. Nenhuma frase impõe qualquer comprometimento, não porque não prefigure seu argumento da maneira como se costuma temer, mas porque não vai acontecer nada de ruim se ela estiver errada. Você pode escrever os maiores disparates, coisas com que nem de longe você concorda, e não vai acontecer nada. Experimente.

Sabendo que escrever uma frase não vai lhe fazer nenhum mal, e sabendo disso porque experimentou, você pode fazer o que costumo pedir que as pessoas tentem: escreva qualquer coisa que lhe vier à cabeça, com a maior rapidez possível, sem recorrer a esboços, notas, dados, livros ou qualquer outro auxílio. O objetivo é descobrir o que você gostaria de dizer, em que você veio a crer depois de todo aquele trabalho anterior no tema ou no projeto. (Aqui "inventei", como antes, o expediente que os professores de composição chamam de "escrita livre", apresentado extensamente em Elbow 1981, p.13-9.)

Se você se dispuser a fazer isso (Pamela Richards aborda as razões para não fazer, no Capítulo 6), chegará a algumas descobertas interessantes. Se seguir as instruções e escrever qualquer coisa que lhe venha à cabeça, descobrirá que não dispõe daquela quantidade desconcertante de opções que temia. Tendo redigido seu trabalho, você verá que grande parte dele consiste em pequenas variações em torno de pouquíssimos temas. Você sabe o que quer dizer e, tendo à sua frente as várias versões, será fácil ver como são triviais as diferenças entre elas. Ou, se houver diferenças efetivas (o que é muito raro), agora você enxergará claramente quais são suas escolhas.

(Esse mesmo truque ajuda os estudantes que estão empacados, tentando montar um tema de dissertação. Peço que escrevam, em apenas uma ou duas frases, cem ideias diferentes para uma tese. Poucos vão além de vinte ou 25, quase sempre variações sobre um mesmo tema, até se darem conta de que têm apenas duas ou três ideias.)

Se você escrever assim, geralmente descobrirá, chegando ao final do rascunho, o que tem em mente. Seu último parágrafo revela o que a introdução deveria conter, e você pode voltar e colocar no começo, e então fazer as pequenas mudanças exigidas em outros parágrafos por esse seu novo foco.

Em resumo, quando chega o momento de escrever alguma coisa, já pensamos muito. Temos um investimento em tudo o que analisamos, que nos faz adotar um ponto de vista e uma maneira de lidar com o problema. Mesmo que quiséssemos, provavelmente não conseguiríamos lidar com o problema de nenhuma outra maneira, a não ser aquela que acabamos por adotar. Estamos comprometidos, não com a escolha de uma palavra, mas com a análise que já fizemos. É por isso que a maneira de começar não faz diferença. Já escolhemos nosso caminho e nosso destino muito tempo antes.

Redigir um rascunho sem pensar nem planejar (o que, certa vez, Joy Charlton chamou sem muita elegância, mas com bastante precisão, de rascunho "vomitado") demonstra mais outra coisa. Você não tem como lidar com a enxurrada de ideias que passam pela cabeça quando se senta à mesa pensando por onde começar. Ninguém consegue. O medo dessa avalanche caótica é uma das razões para os rituais descritos pelos estudantes em meu seminário. As ideias vão passando: primeiro uma coisa, depois outra. Quando você está na quarta ideia, a primeira já sumiu. Até onde você consegue lembrar, a quinta ideia é igual à primeira. Em pouco tempo, você vai esgotar todo o seu repertório. Quantas ideias conseguimos ter sobre um único tópico?

> Tentar avaliar, elaborar e relacionar tudo o que sabemos sobre um determinado tema pode facilmente sobrecarregar a capacidade de nossa memória de trabalho. Tentar compor uma única frase pode ter o mesmo efeito, quando procuramos jogar com as alternativas sintáticas e gramaticais, além de todas as possibilidades de registro, nuance e ritmo que mesmo uma frase simples nos oferece. Assim, a redação é uma atividade cognitiva que ameaça constantemente sobrecarregar nossa memória de curto prazo. (Flower 1979, p.36)

É por isso que é muito mais importante escrever um rascunho do que continuar preparando e pensando o que você vai escrever quando começar. (Joseph Williams sugere reservar a palavra "rascunho" para a primeira versão que já visa a alguma coerência, para ressaltar que a escrita livre gera um conjunto de notas de trabalho que não devem ser confundidas com algo mais organizado.) Você precisa dar aos pensamentos uma forma física, precisa *pô-los no papel*. Um pensamento escrito (que não foi prontamente atirado ao cesto de lixo) é teimoso, não muda de forma e pode ser comparado aos outros pensamentos que vêm a seguir. Você só pode saber quão poucos pensamentos você realmente tem se puser todos eles por escrito, colocá-los lado a lado e compará-los. É uma das razões pelas quais é útil gravar oralmente um rascunho inicial, mesmo que seja para você mesmo fazer a transcrição mais tarde. Não é muito fácil arrancar uma página do gravador; até conseguimos apagar uma ideia boba, mas é trabalhoso e em geral as pessoas acham mais fácil continuar falando e fazer as mudanças numa versão digitada. Dar realidade física às palavras, portanto, não cria nenhum comprometimento seu com posições perigosas. Muito pelo contrário. Ajuda a organizar suas ideias. Facilita a redação das primeiras frases, ao permitir que você veja o que quer dizer.

Usando a linguagem da psicologia cognitiva, Flower e Hayes 1979 descrevem um processo semelhante de trabalhar de trás para a frente, voltando dos materiais já escritos ao plano geral e então avançando para reescrever o texto. O artigo aborda um projeto muito menor – escrever uma redação curta em poucos minutos, e não um texto ou livro acadêmico ao longo de meses ou anos –, mas a discussão, mostrando como os escritores criam redes complexas de metas e submetas e modificam suas metas principais à luz do que aprenderam ao escrever, também se aplica a nosso tema.

Outro problema tão insolúvel quanto o de como começar – na verdade, uma variante dele – é como organizar o que você tem a dizer. Os estudantes costumam reclamar que não conseguem decidir como vão organizar o material, se dizem antes isso ou aquilo, se usam como princípio organizar esta ou aquela ideia. Aqui, também, a teoria de uma Única Maneira Certa para fazer as coisas é perniciosa. Apresentarei material para análise com outro exemplo extraído de minha tese.

Eu tinha resultados simples para apresentar. Os professores avaliaram diversos aspectos do trabalho: as relações com seus alunos, com os pais dos alunos, com o diretor da escola e com os outros professores da escola. Eles gostavam das pessoas de cada categoria que facilitavam seu trabalho, não gostavam das que dificultavam. A seu ver, a variação mais importante entre as escolas era a classe social dos alunos. Achavam difícil ensinar às crianças das famílias mais pobres; também achavam difíceis os alunos de classe média alta, inteligentes, mas sem muito respeito pela idade e autoridade do professor. Preferiam, na maioria, as crianças da classe trabalhadora, cujo desempenho podia ser medíocre, mas eram dóceis e, portanto, fáceis de lidar. Também preferiam os pais dessas crianças, que ajudavam muito a controlar os filhos. A segregação residencial facilitava a diferenciação das escolas pela classe social dos alunos. Na maioria delas, predominava uma ou outra classe social.

Essa análise me apresentou uma escolha simples para organizar o material (proveniente de sessenta entrevistas com professores de escola). Eu podia analisar sucessivamente as relações dos professores com os alunos, os pais, os diretores e os outros colegas, descrevendo sob cada rubrica os tipos de variações dessas relações, dependendo da classe social da escola. Ou podia escrever sucessivamente sobre as escolas dos mais pobres, as escolas da classe trabalhadora e as escolas da classe média alta, explicando a constelação específica das relações dos professores com aqueles quatro grupos que caracterizavam as escolas de cada classe social.

Como escolhi? A meu ver, não fazia nenhuma diferença, pelo menos em relação ao grosso que teria de escrever. Qualquer que fosse minha escolha, eu teria de descrever professores e alunos da classe operária, professores e seus colegas de escolas de áreas mais pobres, professores e diretores de escolas de classe média e todas as demais combinações de relações e tipos de escolas criados por categorias e relações de classificação cruzada. Minhas menores unidades descritivas, ao analisar essas combinações, seriam as mesmas. As frases do começo e do fim, relacionando as unidades menores com o todo, seriam diferentes, bem como os argumentos definitivos que eu ia usar. Mas poderia usar tudo o que escrevesse, qualquer que fosse a disposição final dos materiais. Estaria apresentando os mesmos resultados (embora em ordem diferente) e chegaria essencialmente às mesmas conclusões (embora em termos e ênfases diferentes). O que eu diria, naturalmente, teria implicações diferentes para a teoria sociológica e para a política social. Se eu usasse meus resultados para responder a perguntas diferentes, as respostas pareceriam diferentes. Mas nada disso iria afetar o trabalho que estava à minha frente quando comecei a escrever minha tese. Para que me preocupar?

Eu me preocupei – todo mundo se preocupa – porque o problema, embora muito importante, não pode ser resolvido de maneira racional. Qualquer que fosse minha escolha, eu estava querendo falar ou estava falando sobre algo que ainda não mencionara nem explicara. Podia começar falando sobre escolas em áreas mais pobres, mas apenas se eu falasse sobre os quatro grupos e as relações dos professores com eles. Mas não podia falar sobre essas relações sem explicar as questões teóricas envolvidas. Teria de explicar, por exemplo, que os funcionários públicos, como os professores da rede de ensino público, geralmente julgam as pessoas com quem trabalham considerando o quanto é fácil ou difícil passar o dia com essas pessoas. Se eu fizesse isso, estaria começando pelas relações. Mas não poderia dizer nada sensato sobre as relações sem explicar antes a classe social e sua influência na habilidade das crianças em aprender coisas na escola e se comportar de maneira aceitável com os professores, e a disposição e capacidade dos pais em ajudar os professores a manter as crianças na linha. Vocês podem ver aonde quero chegar.

Uma vez, esse problema fez minha colega Blanche Geer sonhar com uma maneira de escrever na superfície de uma esfera, e assim nada precisaria vir em primeiro lugar. Isso passaria para as mãos do leitor o problema do que devia ser lido primeiro. A imagem de escrever sobre uma esfera capta exatamente a natureza insolúvel do problema, como geralmente é definido pelas pessoas. Você não pode falar sobre tudo ao mesmo tempo, por mais que queira, por mais que lhe pareça ser a única maneira. Pode, é claro, resolver o problema. No final todo mundo resolve. E resolve, por exemplo, pegando as relações entre os professores e os outros grupos e dizendo que há também tal outra maneira de ver a coisa, que explicará mais adiante. Não é bem uma substituição, é mais uma espécie de promissória.

Os escritores consideram a organização do texto um problema também, porque imaginam que apenas uma das maneiras é a Certa. Não se permitem ver que todas as várias maneiras de organização em que conseguem pensar têm algum mérito e que nenhuma é perfeita. Quem acredita na perfeição platônica não gosta de concessões pragmáticas e só as aceitam quando a realidade os obriga a isso – por exemplo, a necessidade de terminar um artigo ou uma tese.

Mas os escritores têm razões mais imediatas para se preocupar, além de não saberem qual seria a Única Maneira Certa. No começo, não sabem sequer quais são aquelas unidades menores, os fragmentos a partir dos quais se construirá o resultado final. Outra razão é que não fazem muita ideia das maneiras possíveis que poderiam adotar. Não sabem, por exemplo, que podem escolher organizar seu argumento discutindo tipos de escolas ou tipos de relações de trabalho. Têm uma vaga ideia de que uma coisa poderia levar à outra, que uma ideia poderia manter algum tipo de relação causal com outra, que uma ideia é uma versão específica de alguma outra, mais geral. Mas podem estar errados. Tais ideias poderiam contradizer algo que leram em Durkheim ou Weber, poderiam entrar em conflito com os resultados da pesquisa de outra pessoa ou até ser desmentidas por seus próprios dados. As pessoas esperam resolver esses problemas montando planos gerais.

Os planos gerais podem ajudar, mas não se você começar por eles. Em vez disso, se você começar pondo *tudo* por escrito, vomitando suas ideias na rapidez com que consegue digitar, descobrirá a resposta para a primeira pergunta: os fragmentos com que tem de trabalhar são as várias coisas que acabou de escrever. Esses fragmentos estarão, ou deveriam estar, nos mais variados níveis de generalidade. Algumas observações serão específicas: professores detestam crianças que falam palavrão. Outras serão mais gerais: professores não suportam que ninguém conteste sua autoridade em sala de aula. Outras estarão relacionadas com a bibliografia acadêmica: Max Weber diz que a burocracia é o domínio das sessões secretas. Algumas serão sobre a organização social: escolas em áreas mais pobres têm quadros docentes instáveis, ao passo que as escolas de classe média alta têm equipes mais estáveis, porque os professores raramente saem do emprego. Algumas serão sobre a carreira e a experiência pessoal: professores que tenham passado vários anos numa escola em área de pobreza, por qualquer razão que seja, não querem mais sair de lá.

Depois de ter os fragmentos, agora você pode ver a que ponto são díspares, como se dispõem do geral ao particular e parecem não aderir a nenhuma maneira específica de pensar sobre o tema. Agora você precisa dispô-los para que ao menos pareçam avançar de um ponto a outro seguindo uma lógica, compondo algo que um leitor possa reconhecer como um argumento razoável. Como fazer isso?

As pessoas resolvem esse problema de várias maneiras. Para escolher entre soluções possíveis, uso o seguinte princípio: faça primeiro o mais fácil. Trabalhe na parte mais fácil de escrever, faça tarefas domésticas simples, como classificar seus papéis. (Uma abordagem contrária considera suspeita qualquer tarefa que seja fácil e tenta começar pela mais difícil. Não recomendo esse tipo de puritanismo.) Esta é uma maneira fácil de descobrir como organizar seus materiais. A maior virtude dessa abordagem (e é um corolário do princípio de fazer primeiro as coisas fáceis) é que ela transforma uma tarefa mental difícil numa tarefa em larga medida física e, portanto, mais fácil.

Comece pondo notas em tudo o que você escreveu, colocando cada ideia numa ficha ou num pedaço de papel. Não descarte nenhuma de suas ideias do rascunho. Podem vir a calhar, mesmo que você não veja isso agora; seu subconsciente sabe coisas que você ignora. Então classifique suas fichas ou papéis em pilhas. Junte na mesma pilha as fichas que parecem combinar. "Parecem combinar?" Sim, e por ora não procure demais o que elas têm em comum. Siga sua intuição. Depois de reunir essas pilhas, faça uma ficha que vai por cima de cada pilha, uma ficha resumindo o que dizem todas as fichas da pilha, generalizando as particularidades. Pela primeira vez, você pode começar a ser crítico em relação ao que fez. Se não consegue pensar numa afirmativa que abranja todas as fichas da pilha, tire as que não combinam e faça novas pilhas para elas, com suas próprias fichas de resumo. Agora distribua suas fichas ou papéis de generalização numa mesa ou no chão, ou ponha na parede (peguei o hábito de pregar na parede trabalhando com fotos, que os fotógrafos costumam examinar deixando-as na parede por uma ou duas semanas). Distribua-as em alguma ordem, qualquer ordem. Talvez você consiga montar uma ordem linear, em que uma ideia leva a outra. Talvez você consiga formar uma coluna com algumas delas, uma abaixo da outra, o que indicaria fisicamente a relação de um exemplo específico ou de um subargumento com alguma afirmativa mais geral.

Logo verá que há mais de uma maneira, mas não muitas mais, de montar seu argumento. As maneiras não são idênticas, pois enfatizam partes diferentes de sua análise. Se eu organizar minha análise dos professores segundo os tipos de escolas, enfatizarei a organização social local da escola e, de certa forma, diminuirei a ênfase comparativa sobre os problemas profissionais que seriam ressaltados por uma análise concentrada nas relações. Essa maneira de fazer experiências com a organização das ideias foi, em certa medida, formalizada na ideia do fluxograma. Walter Buckley forneceu um bom exemplo em sua formalização da teoria da doença mental de Thomas Scheff. O gráfico, aqui reproduzido como Figura 1, está em Buckley (1966). Você não precisa conhecer a teoria em questão para ver como esse recurso traz clareza a um argumento.

Figura 1. Fluxograma: Estabilização do Desvio num Sistema Social

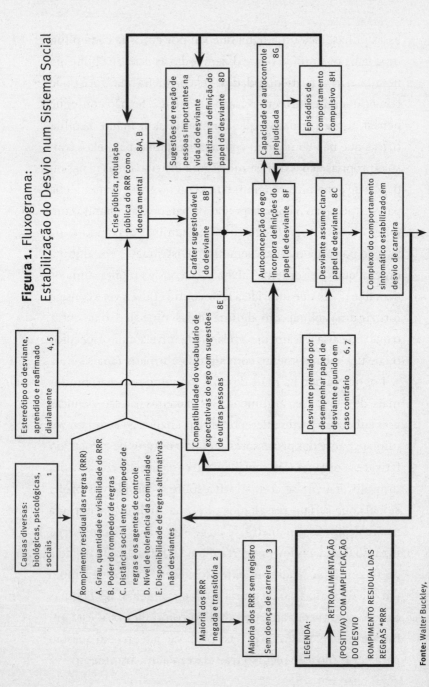

Fonte: Walter Buckley,
"Appendix: A Methodological Note", in Thomas Scheff, *Being Mentally Ill* (Chicago: Aldine, 1966)

Aliás, fazer todas essas coisas ajuda a resolver outro problema "menor", muito frequente. Os cientistas sociais, ao expor a pesquisa empírica, sempre incluem uma seção descritiva, contando algo sore o país, a cidade ou a organização que pesquisaram. O que essas seções devem trazer? Os pesquisadores têm a vaga intenção de que elas deem aos leitores "uma sensação do lugar", e incluem nessas seções uma lista de coisas que todo leitor presumivelmente precisaria saber, uma mistura de gráficos com dados geográficos, demográficos, históricos e organizacionais. Se você escrever o suficiente para saber qual é seu argumento, ficará mais fácil fazer uma escolha mais racional.

Os fatos sobre lugares, pessoas e organizações não se resumem a dar uma familiaridade geral aos leitores. As organizações sociais só funcionam da maneira como o relatório de pesquisa diz que elas funcionam se tiverem os tipos certos de pessoas nos tipos certos de lugares. Assim, os materiais descritivos preliminares estabelecem algumas das premissas básicas em que se funda o argumento do relatório. Se nosso livro (Becker, Geer e Hughes 1968, p.15s.) descreve uma cultura estudantil que afeta profundamente a vida e as perspectivas dos estudantes, o leitor precisa saber que a faculdade de que estamos falando, por exemplo, é grande e é a principal instituição numa cidade pequena do Meio-Oeste, e que a maior parte dos seus estudantes vem de lugares menores, menos cosmopolitas.

Há mais uma maneira de lidar com problemas organizacionais que me parece interessante. Em vez de tentar solucionar o insolúvel, você pode falar sobre ele. Pode explicar aos leitores por que essa coisa, qualquer que seja, é um problema, em quais soluções você pensou, por que escolheu a solução imperfeita que efetivamente escolheu e o que significa tudo isso. A parte do "o que significa tudo isso" será interessante porque você não estaria tendo o problema se ele não encarnasse algum dilema interessante no trabalho que você está fazendo – por exemplo, como os problemas de classe e estrutura profissional se cruzam em organizações concretas, de modo que você não pode falar sobre classe sem falar sobre as perspectivas comuns dos professores sobre suas relações profissionais, e não pode falar delas sem falar sobre classe. Você só terá problemas se insistir que, em princípio, elas têm de ser discutidas separadamente.

Em vez de tentar eliminá-los, falar sobre esses problemas resolve todos os tipos de problemas científicos, não só os da redação. Quando antropólogos e sociólogos fazem pesquisa de campo, por exemplo, é típico que tenham problemas em estabelecer e manter relações com pessoas que lhes permitam observar o que querem por um longo período de tempo. Os obstáculos e adiamentos, enquanto você negocia tais arranjos, podem desanimar. Mas os pesquisadores de campo experientes sabem que as dificuldades fornecem pistas importantes sobre a organização social que querem entender. A maneira como as pessoas reagem a um estranho que quer estudá-las revela algo sobre sua organização e a maneira como vivem. Se os habitantes de um bairro pobre de uma cidade que você quer estudar são desconfiados e não querem falar com você, aí você terá um problema de verdade. Você pode acabar descobrindo que eles são hostis porque acham que talvez você seja um investigador, querendo flagrar transgressões das regras da assistência social. Esse transtorno, pessoalmente penoso, terá te ensinado algo que vale a pena aprender.

Num caso parecido, psicólogos sociais experimentais ficaram irritados quando Rosenthal e outros demonstraram que ações aparentemente insignificantes e sem pertinência no caso afetavam os resultados das experiências, sem qualquer relação com as variáveis supostamente atuantes. Não deviam se aborrecer. Como mostrou Rosenthal (1966), ao perderem as ilusões de um controle total sobre situações experimentais, os psicólogos ganharam uma nova área de estudos muito interessante: a influência social em grupos pequenos. E conseguiram isso falando sobre o problema insolúvel, e não fazendo vista grossa.

O mesmo acontece na redação de um texto. Quando você não consegue encontrar a Única Maneira Certa de dizer a coisa, fale por que não consegue. Bennett Berger adotou essa solução em *The Survival of a Counterculture* (1981), que apresentava seu estudo sobre comunidades hippies no norte da Califórnia. Ele estava interessado em experiências utópicas. Sentia uma proximidade pessoal com a cultura e o espírito hippie. Queria estudar como os membros das comunidades lidavam com a inevitável diferença entre o que professavam e como se conduziam, ao adaptarem suas crenças às condições da vida que levavam. Deu o nome de "trabalho ideológico" aos métodos que as pessoas usavam para lidar com tais diferenças e pensou em estudar esse trabalho ideológico como uma microssociologia do conhecimento. Mas teve dificuldade em escrever sobre o que descobriu:

> Adiei durante vários anos a redação deste livro porque não conseguia encontrar um quadro interpretativo em que pudesse situar a vida social que observei. Sem esse quadro, eu não tinha certeza se estava entendendo o significado do que via. Sem esse

entendimento, eu não tinha uma posição em relação aos dados, e isso diminuía minha motivação para escrever. E, quando esse entendimento surgiu, não gostei da postura "cética" que ele me convidava a adotar.

Ele descreveu o problema da postura cética, que o incomodava profundamente, pois afetava o estudo que havia feito na comunidade:

[A] tendência da sociologia do conhecimento [é] impugnar, enfraquecer ou minar as ideias quando a análise dessas ideias revela suas funções em proveito próprio ou do grupo. ... Se a ideia do apocalipse urbano serve aos interesses dos membros das comunidades equipadas para a sobrevivência, será razão suficiente para lhe lançar um olhar frio e cético? Se a ideia de direitos iguais para as crianças serve aos propósitos daqueles adultos que, inicialmente, não tinham tempo nem propensão a ser pais de classe média, será razão suficiente para o ceticismo diante de seus motivos? Se a afirmação de "autenticidade" nas relações interpessoais serve aos interesses de pessoas tão situadas que suas densas texturas interacionais as tornam pouco capazes de adotar disfarces emocionais, não será razão para encarar [sua crença na] "franqueza e honestidade" simplesmente como mais um elemento ideológico em proveito próprio (como a crença das minorias étnicas no pluralismo cultural ou dos ricos numa pequena carga tributária)? Ou, por outro lado, quando os grupos são apanhados em contradição entre as ideias que professam e as ações que praticam no dia a dia, a melhor maneira de entender seus apressados remendos ideológicos será uma atitude irônica, desdenhosa e cética?

Minha resposta a essas perguntas é "não", pelo menos até onde as [pessoas que ele estudou] lidavam com elas. Mas as respostas fornecidas pela principal tradição da sociologia do conhecimento parecem ser um sonoro SIM – em parte porque um dos principais motivos que caracterizam a sociologia do conhecimento como empreendimento intelectual tem sido o desejo de "desmascarar" ou "desmistificar" as ideias, revelando os "verdadeiros" interesses ou funções a que servem. (p.168-9)

"É fácil ver como um problema desses pode nos paralisar: levei muito tempo para obter a perspectiva sobre as crenças e as circunstâncias que adotei neste livro, e minha incapacidade de apreendê-la antes funcionou como uma espécie de mordaça, impedindo-me de falar claramente" (p.223). Berger queria discutir as bases sociais daquilo em que os membros da comunidade acreditavam, mas sem fazer troça deles. Enquanto não descobriu como conseguiria isso, não pôde escrever seu livro. Não quero prosseguir em seu argumento (embora mereça ser lido na íntegra), pois o estou citando como solução para outro tipo de problema. Não o problema de Berger em evitar uma atitude jocosa em relação ao que estava estudando, mas a dificuldade ainda mais comum de não conseguir escrever porque você não encontrou a Única Maneira Certa de lidar com este ou aquele problema. Berger não explica, mas demonstra como evitar essa busca infrutífera da Única Maneira Certa. Escreva sobre isso. Converta no foco de sua análise. Ele dedicou uma parte considerável de seu livro a essa tarefa. Com isso, encontrou não só uma maneira de escrever, mas um tema amplo no qual pôde inserir a história de sua pesquisa: o vício intelectual da explicação como depreciação.

Para confessar aos leitores os seus problemas, você precisa reconhecê-los e, assim, reconhecer também que você não é a figura exemplar que sempre sabe a Maneira Certa e a aplica de modo irrepreensível. Não creio que isso seja difícil, visto que tais figuras exemplares não existem, embora alguns relutem em reconhecer o fato. O remédio é experimentar e ver por si mesmo que não dói.

4. Editando de ouvido

Quando edito ou falo sobre editar textos alheios, as pessoas geralmente querem saber (como fez minha amiga Rosanna) quais são os princípios de um copidesque. Que regras uso para, por exemplo, tirar uma palavra ou eliminar uma expressão? Ninguém faz nada criativo simplesmente seguindo regras (embora as regras sejam úteis e necessárias), e mesmo o texto mais trivial e rotineiro é criativo, seja uma carta a um amigo ou um bilhete para um entregador. A menos que esteja copiando um modelo de carta de um livro ou escrevendo o quinquagésimo bilhete de agradecimento usando exatamente as mesmas palavras que usou nos outros 49, você está criando uma nova linguagem, novas combinações, algo que não existia até o momento em que você escreveu daquela maneira.

Os gramáticos e professores de redação recomendam vários tipos de regras e diretrizes. Muitas delas, como as que determinam que uma frase declarativa termine com um ponto ou que a escrita vá da esquerda para a direita, fazem o que as convenções costumam fazer nas artes: permitem transmitir uma ideia oferecendo um mínimo de entendimento comum entre criador e consumidor. Outras regras permitem transmitir com menos chance de equívoco e confusão involuntária: aquelas, por exemplo, determinando que os pronomes concordem com seus antecedentes. Outras nem chegam a ser regras: são diretrizes para um uso convencional e um significado exato (diferenciando, digamos, entre *reticente* e *relutante*). Outras, por fim, são realmente questão de gosto, sobre as quais as pessoas sensatas podem divergir, em geral segundo linhas conservador × progressista: eu devia mesmo ter usado "furadas" no Capítulo 1?

Qual é o papel dessas regras e diretrizes na criação de um texto? Poderia funcionar assim: anotamos tudo o que nos vem à cabeça, então repassamos o resultado com um manual na mão, encontramos todas as transgressões das regras e corrigimos o texto deixando de acordo com o manual. É o que fazemos quando reescrevemos?

Não, não é. Talvez até façamos algo um pouco parecido, mas deixar o texto de acordo com o manual não pode ser uma coisa tão automática. É também um trabalho criativo. Além disso, os estudos dos sociólogos sobre a obediência a normas mostram que elas nunca são tão claras e inequívocas que possamos simplesmente segui-las. Sempre temos de decidir se existe alguma regra, se o que temos é realmente abrangido pela regra, se não pode haver alguma exceção que não está no livro, mas na qual, julgamos nós, os formuladores das regras deviam ter pensado. Também precisamos interpretá-las de forma que o resultado obtido seja razoável, e não alguma bobagem resultante de uma obediência cega às normas (Harold Garfinkel (1967, p.21-4) descreve essa prática, que chama de "ad-hocar", como traço fundamental de todas as atividades humanas).

Mike Rose, baseando-se em sua experiência de aconselhar estudantes com bloqueio para escrever, distingue dois tipos de regras, uma claramente adequada à atividade de reescrever:

Os algoritmos são regras precisas que sempre resultarão numa resposta específica, se aplicadas a um problema apropriado. A maioria das regras matemáticas, por exemplo, são algoritmos. As funções são constantes (p.ex., o pi), os procedimentos são rotinas (elevar o raio ao quadrado) e os resultados são inteiramente previsíveis. No entanto, poucas situações cotidianas são suficientemente circunscritas em termos matemáticos para permitir a aplicação de algoritmos. Mais geralmente funcionamos com a ajuda de regras heurísticas ou práticas bastante gerais, diretrizes que oferecem vários graus de flexibilidade ao abordar problemas. Em vez de operar com uma certeza e precisão algorítmica, sondamos criticamente várias alternativas, usando nossa heurística como uma vareta divinatória – "se você empacar num problema matemático, tente chegar à solução seguindo ao inverso"; "se o motor do carro não ligar, verifique x, y ou z", e assim por diante. A heurística não dará a precisão ou a certeza das operações algorítmicas; pode ser tão "frouxa" que chega a ficar vaga. Mas, num mundo onde as tarefas e os problemas raramente têm precisão matemática, as regras heurísticas se tornam as regras mais apropriadas, mais funcionais, ao nosso alcance. (Rose 1983, p.391-2)

Os estudantes que pensavam que as regras para escrever eram algoritmos (não estou inventando, alguns pensavam mesmo) tiveram problemas, enquanto os estudantes que as usavam como recursos heurísticos não tiveram, o que não é de surpreender.

Assim, não podemos escrever e nem mesmo reescrever tratando como algoritmo qualquer regra que possamos escolher. Se não é desse jeito, então como fazemos? Fazemos de ouvido. O que significa isso? Olhando uma página em branco ou uma página escrita, usamos o que nos "soa bem" ou "parece bom". Usamos regras heurísticas, algumas muito vagas, outras precisas.

Geralmente, ao escrever, os cientistas sociais não pensam em regras ou diretrizes. Não consultam um manual, mas consultam sim outra coisa: um padrão de gosto, uma noção generalizada de como alguma informação deve soar ou parecer. Se o resultado não contrastar demais com esse quadro generalizado, eles deixam ficar. Em outras palavras, trabalham como artistas que

> muitas vezes acham difícil verbalizar os princípios gerais que norteiam suas escolhas ou até apresentar qualquer razão que seja. Costumam recorrer a declarações não comunicativas como "soa melhor assim", "me pareceu bom" ou "funciona".
>
> Essa incapacidade enunciativa frustra o pesquisador. Mas todos os praticantes de artes [leia-se "das disciplinas acadêmicas"] usam palavras cujos sentidos não sabem definir com exatidão, mas que, mesmo assim, são compreensíveis para os membros instruídos do mundo a que pertencem. Os músicos de jazz dizem que alguma coisa tem ou não tem "suingue"; o pessoal de teatro diz que uma cena "funciona" ou "não funciona". Em nenhum desses dois casos, nem mesmo o participante mais instruído é capaz de explicar o que esses termos significam a alguém que ainda não seja familiarizado com as acepções deles. Apesar disso, todos que os utilizam entendem o significado e podem aplicá-los com grande confiabilidade, concordando sobre o que funciona ou o que tem suingue, muito embora não saibam dizer o que esses termos significam.
>
> [Isso] sugere que eles não operam consultando um conjunto de regras ou critérios. Em vez disso, reagem como imaginam

que outros reagiriam, e constroem essas imagens a partir de suas experiências reiteradas de ouvir pessoas aplicarem os termos indefinidos em situações concretas. (Becker 1982a, p.199-200)

Os critérios de gosto dos cientistas sociais realmente incluem regras que aprenderam nas aulas de redação e se habituaram a aplicar de modo quase automático. Normalmente saio em busca de construções na voz passiva em quase tudo o que leio; se o texto é meu, penso imediatamente se posso mudá-las e como. Não sei se estou aplicando uma regra ou uma heurística e não consulto um livro para saber quando ou como alterá-las. Mas sei o que estou fazendo e, se me perguntarem, posso expor o princípio correspondente (como expus a Rosanna). Em sua maioria, os cientistas sociais usam várias dessas regras, muitas das quais, porém, funcionam mais como obstáculos algorítmicos não analisados do que como auxílios.

Mas a maioria dos cientistas sociais dispõe de poucos recursos heurísticos formulados de modo consciente. Em geral baseiam-se nos juízos falíveis e não examinados do próprio ouvido. Desenvolvem esse ouvido, seus critérios de escrita, sobretudo a partir de suas leituras. Leem trabalhos que admiram e querem que seus textos se pareçam com eles, que fiquem daquela maneira na página. Isso provavelmente explica por que a redação acadêmica se deteriora com tanta frequência à medida que os estudantes passam pela pós-graduação e ingressam na carreira. Leem os periódicos especializados e querem que seus artigos se pareçam com o que leem, por razões que já apresentei. Isso sugere que existe um remédio muito eficaz para a escrita acadêmica ruim: leia fora de sua área profissional e, quando for escolher, escolha bons modelos.

Não estamos presos para todo o sempre aos critérios de gosto que adquirimos quando entramos em nossa área. Na verdade, mudamos esses critérios a um grau considerável, mesmo no curto prazo. Desenvolvemos nosso gosto não apenas com a leitura, mas também com o que nossos amigos e colegas nos dizem ou o que tememos que eles nos digam. Um colega meu, quando escrevia, receava a possibilidade bastante improvável de que seu tipo de prosa fosse parar no final de uma coluna da *New Yorker* como pavoroso exemplo de escrita acadêmica. Esses receios podem levar uma vítima sensível a estudar um livro de estilo para incorporar a seus critérios de gosto a heurística recomendada no livro.

Mas, em sua maioria, os cientistas sociais (e provavelmente qualquer escritor acadêmico) não ouvem muitos comentários críticos sobre seu tipo de texto ou, se ouvem, não é da parte de alguém a quem devam prestar atenção. Já que podem ignorar os problemas de redação sem nenhum risco óbvio e imediato, dedicam o tempo a questões de estatística, teoria e metodologia, que, estas sim, podem criar – e de fato criam – problemas. Os editores e professores rejeitam artigos que usam a estatística de maneira incorreta, mas apenas suspiram diante de textos mal escritos. Como o conteúdo importa mais do que o estilo para os avanços na área, os professores não reprovarão os estudantes inteligentes que escrevem mal, e alguns sociólogos muito respeitados são notoriamente incompreensíveis.

Uma área que se importa tão pouco com a qualidade do texto pode espantar os de fora, tal como cansa os de dentro, mas é assim que é a sociologia (e provavelmente muitas outras disciplinas acadêmicas) no presente e no futuro próximo.

Em decorrência disso, os jovens sociólogos não têm motivo para aprender mais coisas sobre redação além do que já sabiam quando começaram a pós-graduação, e provavelmente até vão perder algumas habilidades que têm. Se não saíram de suas aulas de redação na graduação com um padrão de gosto formado, que inclui os elementos de gramática e estilo como regras práticas, não vão dedicar tempo a estudá-los a sério. Então aprenderão, se tanto, a corrigir seus textos de ouvido.

Como aprendi o pouco que sei sobre redação e edição de texto assim, por acaso e a esmo, acho difícil criar princípios editoriais gerais. Mas consigo dar exemplos, de preferência a partir do trabalho da pessoa que está perguntando, e posso sugerir ideias gerais que parecem aplicáveis a seus problemas. Essas noções não podem ser formuladas como algoritmos, é claro. Não posso dizer que você nunca deverá usar nenhuma voz passiva, mas posso dizer que uma determinada construção na voz passiva distorce uma ideia sociológica importante. E nem sempre é errado usar palavras compridas e abstratas. Apesar disso, ainda neste capítulo, formularei essas regras em termos dogmáticos porque, embora as construções na voz passiva e as palavras compridas e abstratas às vezes sejam úteis, os cientistas sociais não precisam de incentivo para usá-las. Já as usam automaticamente.

Seguem-se alguns exemplos do tipo de copidesque que faço, com algumas explicações sobre as escolhas feitas, o raciocínio por trás delas e as diretrizes implícitas. Isso dará mais corpo às prescrições que venho apresentando. Os exemplos foram extraídos de rascunhos iniciais de um artigo que escrevi sobre fotografia (Becker 1982b; a versão publicada é diferente da citada aqui). Os exemplos não têm nada de muito especial;

posso encontrar outros semelhantes em tudo o que escrevi e em várias coisas que publiquei.

Para começar, observe o seguinte parágrafo, que aborda a estratégia de descrever grupos sociais por meio de fotografias de seus integrantes:

> Qualquer parte que eles [os fotógrafos] tomem para representar a pessoa, a estratégia implica uma teoria e um método. A teoria é simples, mas é importante tornar explícitos seus passos, para podermos ver como ela funciona. A teoria é que a vida que uma pessoa leva, com seus momentos bons e ruins, deixa suas marcas. Alguém que tem uma vida feliz terá um rosto mostrando isso. Alguém que foi capaz de manter sua dignidade humana perante as dificuldades terá um rosto que mostra isso. ... É uma estratégia ousada, pois faz com que aquele pouco que a fotografia contém carregue um peso enorme. Para a teoria funcionar e nos ajudar a produzir imagens eficazes, devemos escolher rostos, detalhes dos rostos e momentos em sua história que, registrados em filme e impressos em papel, permitam aos observadores inferir todas as outras coisas em que estão interessados. Ou seja, os observadores olham as linhas num rosto e inferem deles uma vida passada em dura labuta ao sol.

Quando comecei a reescrever essa passagem, a expressão "é importante", na segunda frase, chamou minha atenção por parecer uma simples muleta. Se é importante fazer alguma coisa, não fale, *faça*. (Esta é uma típica diretriz, não uma regra, de forma alguma.) Primeiro mudei "é importante" para "precisamos". Isso deixava a frase mais ativa e um pouco mais forte, e introduzia um *agente*, alguém realmente fazendo aquilo. Coisas que não são feitas por ninguém, mas "simplesmente são", guardam uma indistinção que não me agrada.

Feita aquela mudança, continuei insatisfeito. A frase tinha três orações simplesmente enfileiradas uma depois da outra. Quando consigo rearranjar uma sentença de forma que sua organização mostre e, assim, reforce as conexões que estou descrevendo, rearranjo. Assim, cortei a primeira oração e coloquei seu conteúdo numa forma adjetiva. Em vez de dizer que a teoria era simples, troquei "seus passos" da segunda oração por "os passos dessa teoria simples". Algumas palavras a menos, e a simplicidade da teoria reduzida a um pequeno ponto descritivo: "Precisamos tornar explícitos os passos dessa teoria simples..." Depois disso, não precisava mais dizer que era necessário fazer isso, o que era tão supérfluo quanto dizer que era importante fazer isso. A frase reescrita ficou: "Se tornamos explícitos os passos dessa teoria simples, poderemos ver como ela funciona." Tem treze palavras, em vez de dezessete. As três orações alinhavadas agora formam um argumento do tipo "se–então", que é mais interessante do que o enfileiramento anterior.

Agora veja a quarta frase. Mudei "Alguém" para "Pessoas" por nenhuma razão especial, pois o que eu queria era chegar a "foi capaz de manter". Expressões como "ser capaz de manter" são uma tentativa de fazer afirmações simples parecerem profundas. Falar sobre a capacidade das pessoas em agir evoca a necessidade acadêmica de profundidade. Parece trivial dizer que as pessoas "conseguem" fazer alguma coisa. Preferimos dizer que elas "tinham a capacidade de" ou "a habilidade para" ou mesmo, procurando simplicidade, que elas "chegaram a". Quase sempre, uso essas construções nos rascunhos iniciais e substituo por "conseguir" na hora de reescrever. Assim, mudei a frase para "Pessoas que mantiveram...".

Por fim, observe a frase sobre as linhas num rosto: "Ou seja, os observadores olham as linhas de um rosto e inferem delas uma vida passada em dura labuta ao sol." Cortei algumas palavras que não faziam grande diferença. Concluí que "Ou seja" não tinha sentido depois de retirá-lo e ver que a frase não perdera nada de seu significado. Aplicando o mesmo teste, mudei "uma vida passada em dura labuta" para "uma vida de dura labuta". Mas também vi uma maneira de acrescentar algumas palavras e tornar a imagem mais concreta: "Os observadores olham as linhas num rosto e inferem que foram traçadas durante uma vida de dura labuta ao sol." Uma leve transposição resolve a ambiguidade da elipse do pronome "elas" e flui ainda melhor: "Olhando as linhas num rosto, os observadores inferem que..."

A versão final que saiu publicada ficou assim:

> Qualquer parte que um fotógrafo escolha para representar a pessoa, está empregando uma estratégia que se baseia numa teoria e num método. Essa estratégia depende do pressuposto de que as experiências da vida ficam registradas no rosto, que a vida que uma pessoa leva deixa marcas físicas.
>
> Nesse sentido, os fotógrafos escolhem rostos, detalhes de rostos e momentos de suas histórias que, registrados em filme e impressos em papel, permitem aos observadores deduzir o que não veem, mas querem conhecer. Muitas vezes, os retratos contêm uma riqueza de detalhes, de forma que um estudo cuidadoso nos permite leituras complexas e sutis do caráter da pessoa e da vida em sociedade daquela pessoa. Olhando as linhas num rosto,

os observadores podem concluir que foram traçadas numa vida de dura labuta ao sol. Dessas mesmas linhas, podem inferir a sabedoria produzida pela idade e pela dura labuta ou, por outro lado, a senilidade e a decadência. Para chegar a alguma dessas conclusões, o observador precisa aplicar à imagem uma das várias teorias possíveis das linhas faciais.

Isso não esgota o que se poderia fazer nesse trecho.

Mais adiante no artigo, duas frases reuniam várias dificuldades comuns. Dei um exemplo de um contemporâneo famoso e suas fotografias do interior de prédios com as pessoas lá dentro:

> Algumas das imagens mais expressivas de Robert Frank mostram escritórios depois do expediente, sem ninguém – ninguém exceto o faxineiro fazendo a limpeza. Um banco parece diferente quando é ocupado por um faxineiro do que quando é ocupado por bancários.

Eu quase poderia ter deixado assim, ao estilo de um texto de matemática, como um exercício para o leitor corrigir. Mas, para não criar incômodo, comecei formulando a primeira oração de modo mais ativo: "Robert Frank fez algumas de suas imagens mais expressivas…" Isso me levou a reorganizar e simplificar a construção seguinte: "Robert Frank fez algumas de suas imagens mais expressivas em escritórios depois do expediente", e continuei, cortando uma repetição que me parecera vigorosa quando escrevi na primeira vez, "quando não havia ninguém a não ser os faxineiros." Por que tirei "fazendo a limpeza" depois de "faxineiros"? Porque agora eu queria formular essa ideia numa imagem mais concreta na frase seguinte, que mudei para: "Um banco ocupado apenas por um faxineiro empurrando um esfregão parece diferente de um cheio de bancários ao telefone." Isso me permitiu fazer um contraste entre a ação de telefonar dos bancários e a ação de limpar o chão dos faxineiros, em vez de mencionar meramente os nomes de seus cargos e deixar ao leitor que os preenchesse com suas respectivas atividades. A frase reescrita também elimina a repetição de um local "ocupado" por alguém. Dizer que os bancários "enchiam" o espaço acentuava o contraste entre o movimento durante o dia e a quietude da limpeza à noite, destacado pela fotografia de Frank.

Eis mais alguns breves exemplos. Sem necessidade de especificar o conteúdo dos exemplos, mudei: "Se você faz o primeiro, será capaz de" para "O primeiro lhe permite". Mudei "Casas mais antigas têm montes de cômodos com portas dentro deles" (não faria nenhuma diferença se eu usasse "muitos" em vez do mais coloquial "montes de") para "Os cômodos em casas mais antigas têm portas dentro deles". (E agora, depois da publicação, percebo que também deveria ter eliminado "dentro deles".) Mudei "de acordo com o método acima descrito" para "pelo método acima descrito", e "a mudança que ocorreu nas concepções de privacidade" para "a mudança nas concepções de privacidade".

Passamos muito tempo em meu seminário de redação fazendo mudanças semelhantes em amostras de textos doadas por amigos, colegas e, por fim, pelos próprios estudantes. De início, os alunos acham difícil entender por que, depois de reescrever uma frase, reescrevo outra vez e até uma terceira ou quarta vez. Por que já não faço certo desde o princípio? Digo e tento lhes mostrar que cada alteração abre caminho para outras alterações e que, quando eliminamos palavras e expressões sem função, fica mais fácil vermos do que trata a sentença e podemos reformulá-la de modo mais preciso e sucinto.

Eles também se perguntam se faz realmente alguma diferença ficar se detendo em questões tão minúsculas. De início, acham o exercício enfadonho e, para ser sincero, prolongo a primeira sessão de uma maneira imperdoável. Quero que vejam que sempre há algo mais a discutir, alguma outra mudança possível; que posso e provavelmente vou questionar cada vírgula e cada palavra, e que eles deviam aprender a fazer a mesma coisa. Acham o exercício desgastante. Não conseguem se imaginar levantando todas aquelas questões a cada frase. Por fim, eu os tranquilizo e a experiência deles também os tranquiliza. Descobrem que o processo não leva tanto tempo quanto temiam, que conseguem enxergar rápido os problemas mais óbvios e só precisam se preocupar com algumas poucas coisinhas que são realmente difíceis de resolver. Aprendem que é fácil copidescar linha por linha porque as coisas que precisam ser ajustadas caem em categorias. Quando você entende a natureza de uma categoria, sabe arrumar os problemas das frases que se encaixam dentro dela. (Esta é minha maneira, imagino eu, de falar sobre regras e diretrizes.)

Já o que os estudantes não aceitam com a mesma facilidade é que, por mais tempo que leve, essa revisão minuciosa vale a pena. Conseguem ver que cada mudança deixa as coisas um pouco mais claras e elimina algumas palavras que provavelmente não estavam mesmo servindo para muita coisa. Mas compensa?

Quando terminei *Art Worlds*, pensei que havia feito todas as correções que o texto exigia ou conseguia suportar. Uma preparadora de texto habilidosa, Helen Tartar, releu e fez centenas de outras mudanças, algumas tão extensas quanto as que acabei de apresentar. Quando li o material com suas alterações, senti a mesma coisa que sinto quando, olhando pelo visor de minha câmera, dou a última girada na lente que deixa tudo no mais perfeito foco. É isso o que faz uma boa preparação de texto, e vale a pena. As palavras desnecessárias ocupam espaço e, portanto, são supérfluas. Elas enganam, exigindo atenção ao sugerir uma profundidade e uma sofisticação que não têm. Parecendo dizer outra coisa, essas palavras excedentes enganam os leitores sobre o que está sendo dito.

As frases que acabamos de examinar ilustram categorias de problemas e a maneira como podemos resolvê-los. Nenhuma das diretrizes que vou dar agora é original. Seria supreendente se fossem. Gerações de professores, editores e autores as descobriram e redescobriram, ensinaram-nas aos estudantes, recomendaram-nas aos escritores. Alguns programas de texto até localizam erros estilísticos típicos e sugerem correções. Segue minha versão, sob medida para as necessidades dos cientistas sociais, mas talvez útil também para estudiosos de outras áreas.

1. *Ativo/passivo*. Todo manual de redação insiste que você substitua, sempre que possível, os verbos na voz passiva por verbos na voz ativa. (Não fica melhor assim do que dizer: "A necessidade de substituir os verbos na voz passiva por verbos na voz ativa é enfatizada em todos os livros sobre redação"?) O que importa mais do que a distinção gramatical entre voz ativa e voz passiva é o simples ato de pôr as ações essenciais em forma verbal e converter algum personagem importante

na história que você está contando em sujeito do verbo. A atenção à distinção gramatical conduz para o caminho certo. A voz ativa quase sempre o obriga a nomear a pessoa que fez a coisa que foi feita (embora os camufladores habilidosos consigam escapar à exigência). Raramente pensamos que as coisas acontecem sozinhas, como sugere a voz passiva, pois em nosso cotidiano as pessoas *fazem* coisas e *fazem com que as coisas aconteçam*. As frases que nomeiam os agentes ativos tornam nossas representações da vida social mais plausíveis e mais compreensíveis. "O criminoso foi condenado" oculta o juiz que, como sabemos, determinou a sentença e, não por acaso, faz com que o destino do criminoso pareça uma operação de forças impessoais, e não tanto o resultado de pessoas agindo em conjunto para encarcerá-lo. Quase todas as versões da teoria social insistem que *nós agimos* para produzir a vida social. Karl Marx e George Herbert Mead pensavam assim, mas a sintaxe de seus seguidores muitas vezes contraria a teoria deles.

2. *Menos palavras*. Os escritores acadêmicos muitas vezes inserem palavras e expressões inteiras quando não querem dizer alguma coisa da maneira simples e direta como lhes veio de início. Querem indicar uma modéstia, uma reserva, uma noção de que sabem que podem estar errados. Às vezes querem reconhecer que os leitores podem discordar, ao sugerir educadamente, antes de dizer o que vão dizer, que tal coisa merece atenção, em vez de dizê-la logo, como se fosse claro que ela merece atenção. Foi por isso que, de início, eu tinha dito que "era importante" deixar explícitos os passos da teoria. Mas, se não fosse importante, para que se incomodar com isso? E, se

é importante, por que não deixar logo claro, sem precisar de um anúncio preliminar?

Nós, acadêmicos, também usamos palavras desnecessárias porque pensamos, como a estudante em meu seminário, que, se dissermos a coisa de modo simples e direto, vai parecer algo que qualquer um podia dizer, em vez de soar como a profunda asserção que somente um cientista social é capaz de fazer. Damos uma importância especial a essa coisa, ao sugerir que há algum processo importante subjacente ao que estamos dizendo. Assim, no começo eu falei em "alguém que foi capaz de" manter sua dignidade. Essa formulação, em vez de "pessoas que mantiveram" sua dignidade, sugere que foi difícil conservar a dignidade e a pessoa teve de se empenhar nisso. Mas eu estava escrevendo sobre fotógrafos, não sobre pessoas vencendo problemas. Embora as pessoas realmente *mantenham* a dignidade, como sugere a expressão, não é disso que trata o artigo e, portanto, era dispersivo e inútil mencioná-lo. Analogamente, em "a mudança *que ocorreu* nas concepções de privacidade" a ênfase recai sobre o processo de mudança nessas concepções. Se eu retirar as palavras em itálico, o aspecto que quero apontar ficará intacto e eliminarei uma referência dispersiva a um processo não analisado que não voltarei a mencionar.

Às vezes colocamos essas expressões supérfluas porque o ritmo ou a estrutura da frase parece exigi-las ou porque queremos lembrar a nós mesmos que está faltando alguma coisa no argumento. Queremos apresentar um argumento se–então, mas não desenvolvemos conscientemente a conexão causal que nossa intuição crê estar ali. Assim, montamos a forma e esperamos que o conteúdo apareça para preenchê-la. Ou fazemos por hábito. Apegamo-nos a locuções e formatos. Como vários escritores acadêmicos, muitas vezes escrevo frases com três orações aditivas: "Este livro desperta nossa curiosidade, nos dá algumas respostas e nos convence de que o autor está certo." (A segunda frase do próximo parágrafo é outro bom exemplo, que ocorreu naturalmente enquanto eu estava escrevendo.) Mas muitas vezes uso essa forma, quer tenha ou não três coisas a dizer, e aí preciso me esforçar para encontrar a terceira coisa, que então é vazia. Não faz mal. Vai sair na revisão.

Uma palavra desnecessária não funciona. Não desenvolve o argumento, não faz uma qualificação importante nem acrescenta um detalhe convincente. (Está vendo?) Encontro as palavras desnecessárias fazendo um teste simples. Enquanto leio meu rascunho, verifico todas as palavras e expressões para ver o que acontece se eu eliminá-las. Se o sentido não mudar, removo. Muitas vezes, a eliminação me faz ver o que eu realmente queria ali e ponho de volta. Raramente tiro palavras desnecessárias nos rascunhos iniciais. Vou checá-las na hora de reescrever e aí vou eliminá-las ou substituí-las por palavras que funcionem.

3. *Repetição*. Os acadêmicos criam algumas de suas obscuridades mais impenetráveis quando tentam ser claros. Eles sabem que a vagueza pronominal e a ambiguidade sintática podem obscurecer o que querem dizer e assim, caso haja alguma possibilidade de confusão, repetem palavras e expressões. Isso pode não confundir os leitores, mas geralmente provoca tédio. Não estou apenas repetindo a regra mecânica que todos aprendemos na escola: não repita a mesma palavra ao longo de tantas ou tantas frases. Talvez você precise fazer isso, mas

não deve repetir palavras quando pode obter o mesmo resultado sem a repetição. Lembre minha frase: "Um banco parece diferente quando é ocupado por um faxineiro do que quando é ocupado por bancários." Não é preciso repetir "quando é ocupado", o que dispersa a atenção do leitor. Se eu repensar a frase, posso formular de modo mais compacto e interessante, como tentei fazer naquele exemplo.

4. *Estrutura/conteúdo*. Os pensamentos transmitidos numa frase geralmente têm uma estrutura lógica, afirmando ou implicando algum tipo de conexão entre as coisas de que a frase trata. Podemos querer dizer que alguma coisa se parece ou realmente é alguma outra coisa (afirmar uma identidade): "Um hospital mental é uma instituição total." Podemos querer descrever uma característica identificadora de uma classe de fenômenos: "As pessoas que saem do campo são marginais na sociedade urbana em que entram." Podemos querer identificar alguma coisa como membro de uma classe: "Monet era um impressionista." Podemos querer afirmar uma conexão causal ou uma relação se–então: "Favelas produzem crimes" ou "Se uma criança cresce num lar desfeito, essa criança se tornará delinquente." Podemos afirmar essas conexões da maneira que acabo de fazer. É suficiente para deixar claro o que queremos dizer. Mas podemos ser ainda mais claros reforçando nosso argumento sintaticamente.

A sintaxe – a maneira como dispomos os elementos da frase – indica as relações entre eles. Podemos reforçar um pensamento de uma frase dispondo seus elementos de forma que sua sintaxe *também* sustente o argumento ou, pelo menos, não interfira na compreensão do leitor. Por exemplo, podemos colocar pensamentos subordinados em posições subordinadas dentro da frase. Se os colocarmos em posições de importância, os leitores pensarão que eles são importantes. Se dermos a mesma importância gramatical a todos os pensamentos numa frase, alinhando-os em orações coordenadas, os leitores pensarão que eles são de igual importância. É o que acontece quando, cedendo ao hábito, digo que tenho três coisas a discutir e então nomeio como um, dois e três, ou apenas arrolo uma depois da outra. Geralmente conseguimos apresentar nosso argumento de uma maneira mais vigorosa não seguindo uma lista, mas passando de uma coisa a outra de uma forma que mostre a conexão entre elas.

5. *Concreto/abstrato*. Os acadêmicos em geral e os sociólogos em particular usam um excesso de palavras abstratas. Às vezes usamos abstrações porque não temos nada muito específico em mente. Os acadêmicos têm alguns termos abstratos favoritos que funcionam só para preencher espaço. Não significando nada em si mesmos, eles marcam um lugar que precisa de uma ideia concreta. Alguns exemplos são "complexo", "complicado" e "relação". Dizemos que há uma relação complexa entre duas coisas. O que significa? "Relação" é um conceito tão geral que não significa quase nada, e é por isso que é tão útil em ramos muito abstratos da matemática. A única coisa que "relação" diz é que duas coisas estão conectadas de alguma maneira. Mas praticamente quaisquer duas coisas estão relacionadas *de alguma maneira*. Em disciplinas menos abstratas do que a matemática, geralmente queremos saber *como* é essa relação. É isso que vale a pena saber. O termo "complexo" não nos conta, ele apenas diz: "Acredite em mim, tem muita coisa aí", ao que a

maioria das pessoas concederia praticamente qualquer coisa. A maioria das metáforas espaciais usadas nas discussões sobre a vida social e outros temas acadêmicos – níveis e posições em organizações sociais, por exemplo – engana os leitores, sem dar especificidades concretas. O mesmo acontece com frases que sugerem que o que estamos descrevendo faz parte de um conjunto de coisas similares: "um jogo de", "uma espécie de".

Também usamos abstrações para indicar a aplicação geral de nosso pensamento. Não queremos que ninguém pense que o que descobrimos só vale para os professores do ensino público de Chicago ou de um hospital mental em Washington. Queremos que as pessoas entendam que o que descobrimos onde fizemos nossa pesquisa pode ser encontrado em circunstâncias semelhantes em qualquer parte do mundo, em qualquer época da história. Não há nada de errado nisso: é uma grande razão para fazer pesquisas sociológicas. A melhor maneira de convencermos os leitores sobre a generalidade de nossos resultados é descrever o que estudamos em detalhes específicos e então mostrar, com o mesmo detalhamento, a que classe de coisas pertence nosso objeto de estudo e quais as outras coisas que provavelmente pertencem a essa classe. Se eu mostro detalhadamente como as pessoas aprendem a fumar maconha com os outros e como isso afeta sua experiência dos efeitos da droga, posso avançar e descrever uma classe de fenômenos similares com especificidade similar: como as pessoas aprendem com os outros a entender suas experiências físicas internas. O caso específico que descrevi em detalhes fornece um modelo ao qual os leitores podem remeter minhas ideias mais gerais. Sem as especificidades, as ideias gerais não significam grande coisa.

Os manuais de redação nos dizem para usar detalhes concretos porque tornam o assunto mais vívido, mais marcante para o leitor. Williams (1981), por exemplo, diz:

> Qualquer que seja nosso público, podemos tornar o texto legível e marcante escrevendo de modo específico e concreto. Quando condensamos expressões compridas e tortuosas em expressões mais compactas, damos aguda especificidade a ideias difusas... Quanto mais estreita a referência, mais concreta a ideia; quanto mais concreta a ideia, mais clara e mais precisa ela é. (p.132-3)

Quando usamos detalhes concretos para dar corpo a abstrações, porém, devemos escolher cuidadosamente os detalhes e exemplos. O exemplo que os leitores têm em mente trará considerações que não estão expostas explicitamente no argumento geral e darão cor à nossa compreensão desse argumento. Kathryn Pyne Addelson, filósofa que analisa os problemas éticos do aborto, diz que os filósofos costumam elaborar exemplos muito fantasiosos – hipotéticas mulheres engravidadas por insetos voadores e coisas do gênero – e que tal escolha de exemplos os leva a conclusões que não adotariam se discutissem o caso de uma grávida de quarenta anos de idade com cinco filhos e marido desempregado.

6. *Metáforas*. Estou folheando os números atuais de algumas revistas de sociologia (não creio que os resultados seriam diferentes se as revistas fossem de história, psicologia ou literatura inglesa). Em quase todas as páginas, encontro metáforas batidas. "Parece faltar um argumento cortante, ferino" a um livro resenhado. Outro livro "cobre um imenso terreno". Um

terceiro lida com "uma questão rica que foi empobrecida por seu contexto". Meus colegas falam do "corpo bibliográfico crescente", de análises que "penetram no coração" do assunto em discussão ou que "ficam entre a cruz e a espada", e encontram "as sementes" de práticas institucionais de outra sociedade "plantadas em nossa própria sociedade". Uma abordagem teórica leva a uma "camisa de força conceitual". Os pesquisadores "garimpam" dados, "escavam" ou "destilam" resultados e chegam ao "fundo" da questão. O mais científico dos documentos traz inúmeras imagens desse gênero.

Geralmente elimino essas metáforas de qualquer texto que eu esteja revisando. Todas elas? Não, somente as do gênero acima. Você pode sentir a diferença comparando-as a um uso magistral da metáfora, no famoso artigo "On Cooling the Mark Out" ["Esfriando/consolando o otário"], de Goffman (1952), que usa o conto do vigário como metáfora para aquelas situações sociais em que a pessoa não consegue sustentar a definição da própria identidade que oferece a si e ao mundo. Eu deixaria essa metáfora em qualquer texto que revisasse.

A diferença entre os dois tipos de metáfora consiste na seriedade e atenção com que elas são usada. Não me refiro à seriedade com que os autores tratam o tema, mas à seriedade que dedicam aos detalhes de suas metáforas. Goffman tomou a sério a metáfora do conto do vigário e o sujeito que é enganado em sua confiança. Comparou ponto por ponto as outras situações que analisou – o namorado cujo pedido de casamento é rejeitado, o figurão que não consegue uma mesa num restaurante lotado, a pessoa que não consegue administrar as coisas do dia a dia sem deixar de atrair a atenção sobre si – com a do conto do vigário. Ele notou, em particular, que os otários que levaram prejuízo na mão de vigaristas perceberam (e imaginaram que os outros também perceberiam) que não eram nem de longe tão espertos quanto pensavam na hora em que tentaram ganhar dinheiro fácil. A tradição da prática delinquente ensinava aos vigaristas que poderiam evitar maiores problemas se ajudassem as vítimas furiosas a recuperar o amor-próprio, se "esfriassem" o ânimo delas. Assim, os vigaristas costumavam encarregar um integrante do bando a usar métodos comprovados para chegar a tal resultado. Goffman utilizou a metáfora [esfriar] para descobrir e descrever a mesma jogada e o mesmo papel em restaurantes e em outros lugares onde as pessoas podiam ficar expostas, e inclusive sugeriu que, como algumas pessoas sofriam tal desmascaramento em muitas áreas da vida, provavelmente poderíamos encontrar profissionais que lidavam com esses problemas de maneira mais geral. Ele identificou a psiquiatria como uma disciplina dedicada a esfriar o ânimo de pessoas cujas falsas pretensões tinham sido desmascaradas pela vida social. Essa descoberta validou a metáfora para muitos leitores. Mas a metáfora validou a si mesma por ser séria, por *significar* que essas outras situações eram similares ao conto do vigário em todos os aspectos, grandes e pequenos.

As metáforas anteriores, que citei a partir de revistas sociológicas, não eram sérias quanto a suas ramificações. Quando dizemos que um argumento é "cortante" ou "ferino", a que instrumento estamos comparando e que material ele estaria supostamente cortando? Quem "cobre o terreno" na vida real, como o cobre, quais são os problemas de cobrir um terreno? A literatura está sendo comparada a um corpo humano? Significa que temos de procurar seu coração, seu fígado, seu estômago, seu cérebro? Os autores jamais pretenderam que levássemos suas metáforas tão a sério. As comparações feitas por essas "metáforas batidas" não têm mais vida para quem escreve e para quem lê.

Uma metáfora que funciona ainda está viva. Quando você a lê, ela lhe mostra um novo aspecto daquilo que você está lendo, mostra como esse aspecto aparece em algo que, na superfície, é muito diferente. Usar uma metáfora é um exercício teórico sério, em que você afirma que dois fenômenos empíricos diferentes pertencem à mesma classe geral, e classes gerais sempre implicam uma teoria. Mas as metáforas só funcionam dessa maneira se tiverem frescor suficiente para atrair a atenção. Se já foram usadas e repetidas a ponto de se tornarem clichês, você não vê nada de novo. Na verdade, você pensa que elas significam realmente, literalmente, aquilo a que aludem de maneira metafórica. Veja a expressão inglesa comum *"to take the wind out of someone's sails"* [ao pé da letra, "tirar o vento das velas de alguém"]. Usei, li e ouvi essa expressão por anos a fio, mas para mim sempre significou apenas que você esvaziava, desinflava de alguma maneira a outra pessoa a quem você fazia tal coisa. E aí aprendi a velejar. Nas corridas a vela, os adversários tentam se interpor entre a gente e o vento, e assim a vela deles impede que o vento bata na nossa. Quando conseguem se interpor, nossas velas, que logo antes estavam enfunadas e faziam nosso veleiro avançar depressa, de repente ficam frouxas e começam a pender no vazio. A fricção do casco na água, agora que não tem vento impelindo, faz o veleiro parar de uma hora para outra. A metáfora ganhou vida para mim, relembrando em toda a sua plenitude uma experiência irritante. Mas a metáfora significa pouco ou nada para quem não teve essa experiência.

Todas as metáforas batidas algum dia tiveram vida. Conforme envelhecem, perdem sua força devido à repetição, e assim ocupam espaço, mas dão uma contribuição menor do que uma afirmativa simples e não metafórica. É mais claro e mais preciso dizer que o tema de um livro é difuso do que dizer que lhe "falta um argumento cortante". Se o autor tiver sorte, ninguém prestará atenção ao significado literal da expressão metafórica. Quando ouço "jogar fora o bebê junto com a água do banho" – e ainda a uso –, acho difícil conter o riso. O mesmo vale para "ficar entre a cruz e a espada". O que essas pessoas estavam tentando fazer com elas, aliás?

As metáforas também se deterioram pelo uso errado. As pessoas que não conhecem e não entendem bem o fenômeno, que podem não saber o que estão dizendo quando usam as palavras, vão usá-las de maneira incorreta, pensando que querem dizer alguma outra coisa. A metáfora usual da *"bottom line"* [ao pé da letra, "linha de baixo"], por exemplo, se refere à última linha de um relatório contábil que, resumindo todos os lançamentos anteriores, permite saber se você teve lucro ou prejuízo naquele ano. Metaforicamente, pode se referir ao resultado final de qualquer série de cálculos: a população dos Estados Unidos segundo o Censo de 1980 ou a correlação entre renda e nível de instrução em algum estudo. Mas as pessoas muitas vezes usam para indicar uma oferta final, o menor preço que estão dispostas a pagar, o desaforo que não vão aguentar: *"That's the bottom line!"* As pessoas que dizem isso não sabem ou não lembram que a expressão tem um referente financeiro. Provavelmente usam a expressão porque gostam do tom definitivo que há em *bottom*, implicando um ponto além do qual você não pode ir.

Não podemos e nem é o caso de tentarmos evitar o uso de outro tipo de metáfora, aquelas inseridas em nossa língua de maneira permanente, que Lakoff e Johnson (1980) analisaram detalhadamente. Darei apenas um exemplo daquelas que eles chamam de

> *metáforas orientacionais*, visto que a maioria delas tem a ver com uma orientação espacial: cima–baixo, dentro–fora, frente–verso, fundo–raso, central–periférico. Essas orientações espaciais se devem ao fato de termos o tipo de corpo que temos, que funciona do jeito que funciona em nosso ambiente físico. As metáforas orientacionais dão a um conceito uma orientação espacial; por exemplo, *"Happy is up"*. O fato de que o conceito de "feliz", *happy*, seja orientado para o alto, *up*, leva a expressões em inglês como *"I'm feeling up today"* ["Hoje estou me sentindo para cima"]. (p.14)

Lakoff e Johnson prosseguem para mostrar a ubiquidade de UP [alto] e DOWN [baixo] e seus correlatos em nossa fala:

> consciente é *up*, inconsciente é *down*
> saúde e vida são *up*, doença e morte são *down*
> ter controle ou força é *up*, estar submetido a controle ou força é *down*
> mais é *up*, menos é *down*
> fatos futuros previsíveis são *up* (e *ahead* [à frente])
> status elevado é *up*, status baixo é *down*
> bom é *up*, mau é *down*
> virtude é *up*, depravação é *down*
> racional é *up*, emocional é *down*

Eis como eles analisam o último exemplo:

Racional é *up*; emocional é *down*: a discussão *caiu* para o nível *emocional*, mas eu a *icei* novamente para o plano *racional*. Pusemos nossos sentimentos de lado e tivemos uma discussão *intelectual de alto nível* sobre o assunto. Ele não conseguiu *se elevar acima* de suas *emoções*.

Base física e cultural: em nossa cultura, as pessoas se veem no controle sobre animais, plantas e seu ambiente físico, e é sua faculdade racional exclusiva que coloca os seres humanos acima dos outros animais e lhes dá esse controle. Assim, "Controle é *up*" pois serve de base para "Homem é *up*" e, portanto, para "Racional é *up*". (p.17)

O livro traz mais de duzentas páginas com tais análises e exemplos. Como eu disse, você não tem como evitar tais metáforas. Mas, se tiver consciência delas, pode usar suas conotações de forma intencional. Se ignorar as conotações, seu texto se debaterá consigo mesmo, a linguagem transmitindo uma ideia e as metáforas outra, e os leitores não saberão bem o que você quer dizer.

Este capítulo mal tocou em outro tema: o que é criar um padrão de gosto que lhe permita revisar bem seu próprio texto e textos alheios. A principal lição não são as especificidades do que expus, mas a lição zen de *prestar atenção*. Os escritores, ao revisar seus textos, precisam prestar grande atenção ao que escreveram, examinando cada palavra como se pretendesse ser levada a sério. Você pode escrever os primeiros rascunhos depressa, sem cuidado, exatamente porque sabe que terá um olho crítico mais tarde. Quando você olha com atenção, os problemas começam a cuidar de si mesmos.

5. Aprendendo a escrever como profissional

Os CIENTISTAS SOCIAIS começaram a contar histórias pessoais quando reconheceram que a apresentação impessoal de ideias e resultados de pesquisa, a qual costumava ser considerada científica, oculta aos leitores fatos que eles gostariam de conhecer (ver as coletâneas de textos autobiográficos organizadas por Hammond 1964 e Horowitz 1969). A maioria dos textos sociológicos autobiográficos se concentra na maneira como foi feita a pesquisa, e a redação merece o mesmo tipo de atenção.

Já comentei como as instituições da vida acadêmica, em especial as escolas, criam os problemas da redação acadêmica. Minha discussão se concentrou em larga medida nas fases iniciais da carreira acadêmica: a escola e logo a seguir. Este e o próximo capítulo examinam os problemas de redação conforme surgem em fases posteriores de uma carreira em ciências sociais. No Capítulo 6, Pamela Richards discute a transição crucial dos primeiros dias como estudante de pós-graduação até se tornar profissional plena. Neste capítulo muito pouco modesto num livro pouco modesto, conto algumas histórias de meus trinta e poucos anos na área e destaco alguns elementos analíticos.

O ponto principal é que ninguém aprende a escrever de repente. Pelo contrário, essa aprendizagem prossegue durante toda a vida profissional e decorre de um leque de experiências trazidas pela academia.

Os cientistas sociais não pensam na redação como um problema sério, até a hora em que encontram dificuldades para redigir ou publicar seus trabalhos. Podem tratá-las com um alegre descaso, como um conhecido meu, que disse: "Estilo de escrita? Você se refere a usar itálicos e pôr notas de rodapé?" Podem tratar a facilidade de redação como uma dádiva de Deus que simplesmente não lhes coube, como o estudante que explicou à sua banca examinadora (da qual eu fazia parte) que sabia que sua tese estava mal escrita, mas, sabem, não sou uma pessoa verbal. Até podem entender que têm problemas para dizer o que pretendem, mas pensam que podem passar a tarefa para outra pessoa. O estudante "não verbal" disse que estava tudo bem, pois a esposa dele era formada em língua inglesa e cuidaria de qualquer problema que aparecesse. Outros contratam um preparador de texto que mal têm condições de pagar.

Nem todos desenvolvem a sensibilidade que adquiri em relação à clareza na escrita. Posso apontar alguns dos fatos na vida acadêmica (em sua maioria, acidentes fortuitos aos quais, por alguma razão, eu estava preparado para reagir) que me sensibilizaram. Os cursos de inglês tiveram alguma coisa a ver. Quando eu fazia a graduação na Universidade de Chicago, tive um bom curso prático de redação, que se concentrava nas técnicas de reorganização e reelaboração do texto. Provavelmente foi lá que aprendi que o primeiro rascunho era mesmo isso, um primeiro rascunho, e que eu devia ter em mente que reescrevê-lo faz parte da rotina. Por outro lado, alguns anos de pós-graduação, lendo livros e periódicos de sociologia, conferiram a meu estilo todos os traços típicos que agora elimino dos trabalhos de meus alunos.

Depois de me formar, tive várias experiências com pessoas que agora eram colegas de docência e não mais meus professores, e que me fizeram lembrar aquelas recomendações sensatas da graduação. Obtive meu doutorado em sociologia na Universidade de Chicago em 1951, aos 23 anos. Tive dificuldade em encontrar emprego na academia, o que não foi uma surpresa. Por que alguém iria contratar um rapazola se poderia ter um adulto pagando o mesmo salário (naquela época, quatro mil dólares ao ano)? Tive a sorte de conseguir um emprego como pesquisador, estudando o uso da maconha, por 75 dólares semanais. Nos feriados de Natal, um bonde de Chicago tombou em cima de um carro cujo motorista era um dos docentes do curso de Ciências Sociais II na Universidade de Chicago. Precisavam de um substituto rápido, e alguns amigos que já davam o curso me conheciam e me indicaram, e assim consegui o emprego. Foi como conheci Mark Benney (depois falecido), um jornalista inglês que ingressara na vida adulta como pequeno delinquente e acabou lecionando ciências sociais graças ao incentivo e auxílio de David Riesman e Everett Hughes. Ele havia publicado vários livros, e sua experiência como escritor profissional se mostrava na elegância e clareza de sua prosa, que eu admirava. Magro, baixinho, com calvície prematura, Mark tinha um ar de malandro que eu atribuía a seus períodos na prisão. Tinha cuidado com o que dizia e assim, quando dizia alguma coisa séria, você sabia que ele realmente queria dizer aquilo e queria que você levasse a sério.

Eu já tinha publicado um ou dois artigos em revistas acadêmicas e decerto me achava bastante bom ou pelo menos competente. Redigi um artigo baseado em minha tese de doutorado, o estudo sobre os professores da rede de ensino público de Chicago que já mencionei. O artigo levantava alguns problemas sobre o ensino e as classes sociais que pensei que interessariam a Mark, e então lhe pedi que lesse. Ao me devolver, ele disse que achou muito interessante e então comentou alguns aspectos do conteúdo. E aí, como algo que lhe ocorresse num segundo momento, acrescentou: "Bom, imagino que você tem de escrever desse jeito engraçado para ser publicado numa revista de sociologia." Eu sabia que ele era um "escritor de verdade", e por isso o comentário doeu. Decidi retomar e reescrever o texto, usando algumas das lições de reescrita que tinha aprendido na graduação. Comecei a entender que terminar um artigo não significava que ele estivesse pronto.

Vários anos depois, Jim Carper e eu escrevemos um texto com base em nosso estudo das identidades profissionais de pós-graduandos em várias áreas. Submetemos o artigo ao *American Journal of Sociology*, cujo editor na época era Everett Hughes, que tinha sido meu orientador no doutorado e a quem me sentia próximo e leal. O manuscrito voltou, com um bilhete da editora responsável, Helen McGill Hughes (socióloga e jornalista, esposa de Everett), dizendo que eu devia entender que Everett realmente gostava de mim, que tinha escrito os comentários editoriais às quatro da manhã e que eu não levasse a virulência deles ao pé da letra. Os comentários sem dúvida me espantaram. Entre outras coisas, ele dizia que frases e parágrafos inteiros pareciam ter sido traduzidos do alemão, palavra por palavra. Eu não lia alemão (nem nenhuma outra língua, apesar de ter sido aprovado num exame de francês na universidade, durante a qualificação para o doutorado), mas sabia que isso era ruim. Um parágrafo memorável citava uma de nossas frases mais pomposas e trazia o seguinte comentário (aqui citado na íntegra): "Droga! Droga! Droga!" O comentário informal de Mark havia me sensibilizado. A carta de Everett reforçou minha vontade de escrever um texto claro e compreensível que soasse como inglês do começo ao fim.

O último passo para minha adesão definitiva ao trabalho sério de reescrita se deu quando Blanche Geer se juntou a nós dois, Hughes e eu, num estudo sobre os estudantes de medicina. Ela levava muito a sério a questão da redação e me ensinou a respeito, com sérias discussões sobre cada palavra nos rascunhos que estávamos fazendo. Tivemos debates maravilhosos e intermináveis sobre, por exemplo, "perspectiva", palavra e ideia central para o aparato teórico de nosso estudo. A questão era o verbo que usaríamos. As pessoas "adotavam" ou "tinham" uma perspectiva? Ou será que "usavam" uma perspectiva? As conotações de cada termo eram diferentes e, agora que nos concentrávamos nelas, dava para discerni-las com clareza. A questão não era qual palavra estava certa, mas o que queríamos dizer. Chegamos aos problemas por vias estilísticas, mas ao final tivemos de resolvê-los teoricamente.

Nossas discussões me ensinaram que a maneira de dizer as coisas era realmente importante e que tínhamos escolha. Também me ensinaram que era divertido reescrever, uma espécie de quebra-cabeça verbal cujo objetivo era encontrar um modo realmente bom e conciso de dizer algo com clareza. Estas conversas com Geer me levaram a concluir minha conversão à prática séria da redação e, entre todas as experiências que tive, aquelas discussões foram de longe as mais importantes, pois continuaram ao longo da escrita de vários artigos e livros que escrevemos juntos.

Os sociólogos com os quais fiz minha pós-graduação costumavam trocar rascunhos de artigos em andamento e éramos muito bons em dizer um ao outro o que devia ser feito a seguir. Creio que não percebi até que ponto essas mútuas leituras e comentários entre colegas afetaram meu desenvolvimento profissional, até o momento em que contratei Lee Weiner como auxiliar de pesquisa, alguns anos depois que comecei a dar aulas na Northwestern. Eu estava fora no verão em que ele começou a trabalhar para mim e, como conscientioso revolucionário, Lee (que depois se tornaria um dos Sete de Chicago) leu toda a minha correspondência, embora isso não fizesse parte de suas obrigações. Quando voltei no outono, ele me falou entusiasmado o quanto tinha aprendido ao olhar as pastas que eu guardava sobre os artigos que havia escrito, vendo o que meus amigos tinham anotado e comentado nos vários rascunhos, e como eu havia incorporado tais comentários na versão seguinte.

Vários anos depois de meu doutoramento, eu havia montado uma rotina de escrita bastante eficiente, reescrevendo com base nas críticas de amigos aos rascunhos iniciais. Aprendera a ver a reescrita como algo divertido, uma espécie de palavras-cruzadas, e não como uma tarefa constrangedora que, fazendo-se necessária, revelava minhas dificuldades. Aprendi que pensar sobre a escrita, fazer experiências com meu próprio estilo e ajeitar os textos dos outros também eram coisas divertidas.

Talvez tomar a escrita como um jogo agradável tenha me imunizado contra as ansiedades de que outras pessoas falam, mas minha relativa falta de ansiedade para redigir também tinha raízes sociológicas. Eu crescera numa forte tradição teórica que também dispunha de uma forte base organizacional. A escola de sociologia de Chicago se desenvolveu na Universidade de Chicago nos anos 1920, com a liderança de Robert E. Park. (Sobre a escola de Chicago, ver Faris 1967, Carey 1975 e Bulmer 1984.) Ela tinha um ponto de vista coerente, encarnado nos textos de Park, que ganhou continuidade e desenvolvimento com uma legião de vigorosos pensadores e praticantes, em especial Everett C. Hughes, Herbert Blumer, Louis Wirth e Robert Redfield. Tinha também a seu crédito uma longa lista de monografias empíricas clássicas: *The Gold Coast and the Slum*, *The Taxi Dance Hall*, *The Gang* e, mais tarde, *French Canada in Transition* e outras mais. Estudei, junto com algumas centenas de outros estudantes do pós-guerra, com os gigantes da geração pós-Park e me formei com aquela pilha de monografias. Sabíamos que existiam outras maneiras de fazer sociologia, mas poucos as levavam muito a sério. O fato de ter me formado nessa tradição e nesse cenário me deu uma arrogância teórica, a convicção reconfortante de que eu aprendera essencialmente toda a teoria geral que precisaria conhecer com Hughes e Blumer, e que ela bastava para lidar com qualquer problema que aparecesse. Intelectualmente, eu sabia e sei que não é bem assim, mas isso não afetava o resultado emocional.

Quando você sabe que está essencialmente certo, uma boa parcela da pressão sobre sua escrita desaparece, pois aí você não precisa tentar resolver problemas sociológicos encontrando a maneira certa de formulá-los. Algumas pessoas resolvem problemas teóricos com a análise lógica. De minha parte, aprendi a resolver problemas teóricos de maneira empírica. As duas opções são melhores do que tentar resolvê-los encontrando a maneira certa de dizer.

O aumento na quantidade de sociólogos e de áreas de especialização em sociologia produziu um aumento análogo nas organizações e publicações sociológicas. Os sociólogos editam essas publicações, e os cargos editoriais geralmente são uma das honrarias que cabem às pessoas que já estão há algum tempo na área. Os programas de pós-graduação não ensinam a editar um periódico – a fazer a preparação dos textos, a lidar com a gráfica ou a persuadir os autores a melhorar o trabalho. Os periódicos, em sua maioria, não podem se permitir a contratação de preparadores profissionais de texto, e assim são os próprios sociólogos editores da publicação que fazem todo esse serviço. Aprendem fazendo, com algumas dicas de seus antecessores. Minhas experiências como editor, quando um passatempo se tornou uma segunda profissão, contribuíram muito para minhas ideias sobre a escrita.

Depois de passar anos copidescando informalmente os textos de amigos e colegas, assumi dois cargos editoriais sérios. Em 1961, tornei-me editor da *Social Problems*, a revista oficial da Society for the Study of Social Problems [Sociedade para o Estudo de Problemas Sociais, SSSP, na sigla em inglês], organização que fora criada em oposição ao monolitismo que estava tomando conta da Associação Americana de Sociologia. Considerei (e creio que assim também consideraram aqueles membros da SSSP que tinham alguma opinião formada) que seria minha tarefa lançar um periódico que fosse de certa forma diferente da *American Sociological Review* e do *American Journal of Sociology*, representantes do "sistema". Não sabia muito bem o que isso acarretava, mas achei que devia tentar oferecer um espaço para artigos que, por uma razão ou outra, não eram bem-vindos nos periódicos maiores.

O que impedia que um artigo fosse bem-vindo? A maioria dos integrantes da SSSP achava que o sistema favorecia trabalhos maciçamente quantitativos, trabalhos baseados na teoria estrutural-funcionalista e trabalhos que eram apolíticos (portanto, conservadores num sentido efetivo). Assim, a SSSP dava preferência a trabalhos que não fossem conservadores, não tivessem viés quantitativo e usassem teorias "de Chicago" ou, mais tarde, marxistas. Fosse como fosse, a entidade queria estar aberta a qualquer coisa que não fosse do sistema da Costa Leste. Devo ter concordado com tudo isso, que me parecia razoável, embora os periódicos do sistema dominante tivessem publicado com bastante frequência meus trabalhos não quantitativos e não estrutural-funcionalistas.

Assim, assumi o cargo de editor com a ideia de que minhas responsabilidades consistiam em publicar materiais contra o sistema. Também decidi (embora ninguém me dissesse que fazia parte de minhas responsabilidades oficiais ou extraoficiais) que ia tomar alguma providência quanto ao estado da redação sociológica, que me parecia lastimável, reescrevendo o quanto fosse necessário tudo o que aparecesse na revista. Tendo isso em mente, recrutei para meu conselho editorial pessoas que escreviam bem, sabiam o que era um texto bem-escrito e, portanto, poderiam me ajudar.

Aprendi muito com os primeiros volumes que publiquei. Depois de ter montado meu primeiro número (e logo falarei sobre esses problemas), reescrevi extensamente todos os artigos dele. Era a experiência de copidesque mais intensiva e instrutiva que eu tivera até aquele momento. Preparar tantos artigos de tantas pessoas em tantos estilos em tão pouco tempo fez eu me sentir um copidesque de jornal. Aprendi a bater o olho e localizar as coisas que sabia que não teria a menor dúvida em mudar imediatamente. (Nunca entendi como fiz algumas das coisas que acabei aprendendo a fazer: por exemplo, localizar um erro tipográfico numa primeira prova do outro lado da sala, sendo que nem conseguia enxergar o tipo.) Mas também aprendi que não ia reescrever todos os artigos daquela maneira, por mais que precisassem. Tomava tempo demais e eu tinha outras coisas a fazer. Podia fazer algumas páginas de um artigo e mostrar aos autores o que eu tinha em mente, mas depois eles é que teriam de fazer por conta própria. Nos últimos anos, alguns periódicos maiores começaram a contratar preparadores, mas nem mesmo eles podem se permitir os custos de preparar os artigos da maneira como se reescreve, digamos, um manual de curso.

 Aprendi outra lição ao reunir os artigos para meu primeiro número. Em princípio, uma revista acadêmica deve sair periodicamente, em números bimestrais, como o *AJS* ou a *ASR*, ou trimestrais, como a *Social Problems*. Se você perdesse o prazo, perderia a vez na fila da gráfica, as pessoas reclamariam que a revista estava atrasada e os membros da organização patrocinadora iriam querer saber o que havia de errado. Melhor sair dentro do prazo. Isso não significava que você publicaria coisas que não achava boas, mas sim que publicaria coisas que estivessem boas, de qualquer linha que fossem: quantitativa ou qualitativa, da escola de Chicago ou estrutural-funcionalista. Todos os editores de periódicos com quem conversei sempre concordaram que, apesar dos preconceitos que secretamente esperavam implementar ao assumir o cargo, logo descobriram que o principal era ter uma quantidade de artigos passáveis que fosse suficiente para montar um número e lançá-lo no prazo. É por isso que os autores que pensam que seus trabalhos foram rejeitados ou devolvidos para ser "revistos e reapresentados" por uma questão de preconceito editorial quase sempre estão errados.

É claro que pode haver uma grande dose de preconceito oculto na definição de "artigo passável". Mas aqui me parece convincente o argumento de Stinchcombe (1978), segundo o qual os analistas sociológicos, quando estão fazendo um bom trabalho, estão todos eles fazendo a mesma coisa. Se o trabalho deles muitas vezes parece diferente, é porque tentam inflar sua importância usando "nomes imponentes", derivados de "teorias famosas", para descrever o que fazem. (Muitas áreas nas ciências humanas em geral, e não só na sociologia, incentivam essa prática.) Como o bom trabalho é basicamente o mesmo, qualquer que seja seu rótulo teórico, "bom" é um juízo profissional e universal, como os juízos de músicos ou bailarinos, que geralmente reconhecem quando os outros estão tendo um bom desempenho, mesmo que o juiz não se importe muito com o que estão fazendo. Os trabalhos que os cientistas sociais me mostram pensando que foram rejeitados por preconceito quase sempre estão mal organizados e mal redigidos. (Sei que esta é a voz do sistema falando, e não sei como convencer os céticos de que tenho razão, a não ser apontando os conteúdos dos periódicos, que são sempre mais variados do que os críticos pensam.) Os preconceitos que existem efetivamente operam com mais sutileza, como quando o editor decide que um artigo mal escrito e mal organizado merece um esforço especial, ao passo que outro não. A lição para as pessoas que fazem trabalhos impopulares não é que não serão publicadas, e sim que não esperem que os editores façam a tarefa que cabe a elas. Isso não deveria acontecer com ninguém, mas alguns têm mais chance de que aconteça com eles.

Tive uma experiência editorial diferente quando fiquei encarregado de editar uma coleção para a Aldine Publishing Company em 1962. Alexander Morin, então diretor da empresa e ele mesmo sociólogo, achou que valeria a pena montar uma coleção que representasse a tradição de Chicago em sentido amplo. Com isso tive contato com originais e autores que sentiam a ansiedade que costuma acompanhar o envolvimento com um livro. Também aprendi que era necessário pensar numa previsão de vendagem do livro, não porque Morin fosse um empresário empedernido, mas porque, se o prejuízo fosse grande demais, simplesmente não haveria coleção nenhuma. Percebi o quanto o assunto era importante assim como ter algo a dizer sobre ele. Pessoas que não se interessavam pela fabulosa contribuição que você estava dando à teoria social mesmo assim podiam ler seu livro porque se interessavam pelos problemas da morte num ambiente hospitalar ou pela maneira como as doenças mentais eram definidas por parentes, profissionais e tribunais. Acabamos publicando cerca de quinze livros e a série teve um sucesso razoável, e as livrarias se retrataram por seus palpites errados.

O trabalho como editor de livros me mostrou uma dimensão mais ampla da edição de texto. Descobri que conseguia enxergar uma lógica interna lutando para se expressar no trabalho alheio com facilidade maior do que enxergava em meu próprio trabalho, assim como podia enxergar as redundâncias, o beletrismo e todos os outros defeitos mais facilmente nos textos alheios do que nos meus. Como eu queria criticar os originais de forma que os autores os corrigissem e não apenas ficassem furiosos (do contrário, não haveria livros para publicar na coleção), tive de aprender a apontar claramente o que me incomodava. Também precisava lhes mostrar a realidade da publicação comercial. Explicava aos autores estreantes que haviam levado o contrato a um advogado que, sim, o contrato realmente favorecia a editora, mas que não se preocupassem, visto que poucas editoras se aproveitavam daquelas cláusulas. (Agora, com um número cada vez maior de editoras se tornando subsidiárias de grandes conglomerados, talvez esse conselho não seja tão verdadeiro quanto costumava ser.)

Minha experiência pessoal com preconceitos editoriais é mínima. A única área em que sofri um pouco tinha a ver com uma mudança importante na prática dos editores de revistas de sociologia. Meus primeiros artigos, extraídos de minha dissertação de mestrado, eram sobre músicos de jazz. Seguindo a prática dos modelos que tinha utilizado (p.ex., os artigos de Oswald Hall sobre as carreiras médicas e *Sociedade de esquina*, de Foote Whyte), fiz longas citações de minhas entrevistas e notas de campo. Mas os músicos não tinham uma linguagem tão educada quanto a dos médicos (ou o que Hall apresentou como sendo a linguagem deles). Os músicos falavam muito "merda" e "foda-se" e, no interesse do rigor científico e com uma leve sensação de molecagem, citei tudo literalmente. Na tese ficou aceitável, mas os editores nos anos 1950 substituíam sistematicamente essas palavras por reticências: "f…" e "m…". (Essa prática atingiu o cúmulo da tolice num número da *AJS* do pós-guerra dedicado às Forças Armadas americanas, em que a maior parte do artigo "The Soldier's Language", de Fred Elkin, se transformou em reticências.) Não lembro qual de meus artigos finalmente pôde trazer os palavrões por extenso; só pode ter sido quando foram publicados em *Outsiders* em 1963. Agora, claro, é comum que apareçam palavrões nas publicações de sociologia.

Ao descrever meu seminário de redação no Capítulo 1, comentei que havia apresentado à turma meus rituais pessoais de escrita, mas não falei quais eram. Depois que comecei a dar o curso, passei a escrever num computador, e assim não faço mais o que descrevi naquela ocasião. Mas aqui está o que eu disse à turma na época; foi assim que escrevi a maioria de meus textos e não tenho uma boa visão de minha nova rotina computadorizada para expô-la com clareza. (O que posso dizer sobre ela está no Capítulo 9.) O procedimento inteiro segue os ritmos do ano acadêmico.

Sou preguiçoso, não gosto de trabalhar e reduzo o tempo que dedico ao trabalho. Assim, embora tenha escrito muito, passei relativamente pouco tempo à máquina de escrever. Eu começava aquilo que depois se converteria em artigo expondo o tema sobre o qual estava para escrever a qualquer um que se dispusesse a ouvir. Quando comecei a dar aulas, isso significava que eu expunha a meus alunos. (*Art Worlds* começou como transcrição das aulas gravadas que dei na primeira vez em que ministrei o curso de sociologia da arte, oito ou nove anos antes de terminar o livro.) Se recebia convites para dar uma palestra em algum lugar, eu tentava convencer as pessoas de que seria do interesse delas ouvir sobre meu "novo tema de pesquisa", isto é, o artigo que estava começando a elaborar. Essas palestras, em certa medida, funcionavam como um primeiro rascunho. Eu via quais eram os pontos que podia encadear logicamente, quais eram as maneiras de apresentar uma questão que as pessoas entendessem, quais as que causariam confusão, quais argumentos não levavam a nada e nem deveriam ser apresentados.

Quando comecei a usar a fala como maneira de dar início a alguma coisa, ainda não tinha lido David Antin explicando por que ele escreve falando, mas reconheci meus sentimentos em sua descrição:

> pois nunca gostei da ideia de me fechar num quartinho para falar comigo mesmo numa máquina de escrever   que tipo de fala é essa?   peguei o hábito de ir a algum lugar   com alguma coisa na cabeça   mas nenhuma palavra em especial na ponta da língua   procurando uma chance para falar com certas pessoas de   um jeito que seja bom, espero, para todos nós
>
> (Antin, 1976, p.i)

Depois de falar sobre alguma coisa durante algum tempo (geralmente vários meses, ou mais), eu ficava inquieto. Raras vezes identificava a causa desta sensação. Normalmente não surgia no ano letivo, nem mesmo durante boa parte das férias de verão. Durante muitos anos, passamos o verão e qualquer outro recesso escolar em São Francisco, voltando a Chicago no começo do trimestre do outono. Umas três semanas antes de irmos embora, de repente eu sentava, sem nenhum sinal prévio que eu pudesse notar, afora essa vaga inquietude, e começava a datilografar o dia todo e metade da noite. Datilografava em espaço duplo e em papel ofício amarelo pautado. Destacava cuidadosamente cada folha do bloco. Se eu não destacasse certinho na linha perfurada, não usava a folha. Não reescrevia – não naquela época, ao menos –; apenas continuava datilografando. Se sentia alguma dificuldade em apresentar alguma coisa ou não sabia como terminar um argumento, eu fazia colchetes usando as teclas de barra e sublinhado (adoro a capacidade do computador de fazer diversos tipos de colchetes) e punha algo como "Não chego a lugar nenhum com isso agora". Então passava para outro ponto.

Calculava várias vezes minha produção e anunciava a qualquer ouvinte por ali que tinha feito seis páginas ou, contando as linhas e estimando uma média de palavras por linha, 2.500 palavras. Procurava não eliminar nada, mas não era rígido a respeito disso. Se via uma maneira melhor de dizer alguma coisa, substituía a formulação anterior por algo melhor. Também inseria novas passagens onde julgasse necessário, com muito capricho, fosse cortando e colando ou marcando no texto da página 7 onde entraria o material inserido em minha nova página 7A. (Ficava muito contente quando as secretárias elogiavam o capricho de meus manuscritos.) Em três semanas, escrevia o rascunho de três artigos, com dez a quinze páginas cada.

Então eu voltava da Califórnia com esses rascunhos e passava o ano letivo trabalhando neles. Muitas vezes, deixava-os de lado por vários meses e raramente pensava neles quando a rotina da docência – comparecer a reuniões, conversar com alunos e colegas – ocupava meu cotidiano. Isso me ajudava a refazer os artigos porque, naquele meio-tempo, eu esquecia por que algum ponto específico ou algum tipo de expressão era tão necessário e ficava mais fácil mudar. Às vezes demorava até os feriados do Natal para pegar alguma dessas pastas e começar a reescrever. Sempre iniciava ajeitando as frases: cortando as palavras a mais, esclarecendo as ambiguidades, ampliando as ideias telegráficas. Como falei à minha turma, isso sempre trazia à tona as dificuldades teóricas que eu encobrira, e assim logo precisava reavaliar toda a minha análise. Quando podia, escrevia uma nova versão para as partes que não funcionavam. Se não conseguia, não fazia. Em ambos os casos, costumava pôr de lado o artigo mais uma vez, por meses, às vezes por anos.

A partir daqui, a descrição também se aplica a meus novos hábitos no computador e vou usar os verbos no presente. Por fim, faço mais um rascunho. Consigo fazer esse tipo de trabalho a qualquer momento e geralmente levo apenas algumas horas por dia, durante três ou quatro dias. Depois de um segundo ou terceiro rascunho, tenho alguma coisa que posso enviar a alguns amigos capazes de contribuir, seja com reflexões proveitosas ou com críticas impiedosas. Prefiro ouvir essas críticas de meus amigos, na esfera privada, do que lê-las publicamente numa "Carta ao Editor".

Alguns artigos nunca ficam prontos, mas detesto desperdiçar qualquer coisa que escrevo e nunca perco as esperanças, nem mesmo em textos de que ninguém gostou. Tenho algumas coisas em meus arquivos faz vinte anos (na verdade, estou cozinhando um artigo ainda mais velho sobre o Abbey Theatre, que escrevi para o curso de Everett Hughes sobre relações étnicas em 1948).

Quando recebo as críticas e comentários, seja de amigos ou de editores rejeitando um artigo, suponho que, na hora de expor meus argumentos, me faltou a clareza suficiente que preveniria as objeções feitas e então examino o que posso fazer para atender às objeções sem mudar minha posição, a menos que a crítica me convença de que ela exige mudanças. Essa revisão e reavaliação prosseguem até a hora em que não consigo pensar em mais nada a fazer ou até que apareça algum espaço que aceite o artigo (isto é, me convidem para preparar alguma coisa para alguma ocasião ou publicação, e aquilo em que estou trabalhando atenda às especificações). Às vezes penso que terminei um texto e aí descubro que não. Como sei disso? Quando vejo alguma coisa que pode ser melhorada e percebo como fazer isso, sei que terei de repassar o manuscrito mais uma vez. (Duas vezes pensei que *Art Worlds* estava pronto, antes de estar.)

Conforme minha experiência foi aumentando e fui ficando mais seguro, comecei a me colocar problemas de redação. Insatisfeito com as frases compridas e complicadas que escrevia, comecei a experimentar frases curtas. Com quantas palavras? Pouquíssimas. Também comecei a procurar alternativas para a terceira pessoa (pomposa demais) e a primeira pessoa (em excesso é cansativa e muitas vezes inadequada). Isso levou a um festival de segundas pessoas, soprando ao leitor: "Você pode ver como isso leva a…"

Tal rotina pressupõe que o escritor, para terminar seus escritos, pode se permitir esperar tanto tempo quanto eu. Quando você tem prazo para escrever o texto – se, digamos, você concordou em contribuir com um capítulo para um livro e a data de entrega está se aproximando, ou se você concordou em apresentar uma comunicação na conferência anual da Associação Americana de Sociologia –, não conta com esse luxo. Nem se precisar de publicações para convencer seus colegas ou algum administrador de que merece uma promoção. Uma maneira de contornar este último problema é fazer algo a que a necessidade me obrigou no começo de minha vida profissional. Como por muitos anos trabalhei mais como pesquisador do que como docente, sempre tinha de começar novos projetos antes de terminar os antigos. Assim, eu estava sempre trabalhando em várias fases ao mesmo tempo: esboçando um primeiro rascunho de algo novo, reescrevendo os rascunhos iniciais de um projeto anterior, fazendo as revisões finais de algo pronto para publicação. É mais fácil do que parece. Na verdade, facilita todas as etapas do processo, pois, se você empaca em alguma tarefa, pode passar para outra, sempre fazendo o que sai mais fácil.

Quando comecei a fotografar em 1970, as práticas fotográficas que aprendi na época me deram mais ideias sobre a escrita. Aprendi, como todos os estudantes de fotografia, que a coisa mais importante que um fotógrafo pode fazer é fotografar, e que tirar milhares de fotos ruins não é nenhuma desgraça, desde que você também tire algumas boas e consiga distinguir entre as boas e as ruins. Os estudantes aprendem a "ler" uma folha de contato, que se faz imprimindo um rolo de filme numa folha só, de modo que cada imagem é reproduzida no tamanho do fotograma. É a maneira ideal de aprender que a única coisa que importa é o produto final e que ninguém vai criticá-lo pelos tropeços e equívocos iniciais, se você encontrar algo bom na sequência. Aprendi a não poupar filme, papel e meu tempo. Isso passou para minha escrita. Fiquei mais disposto do que nunca a escrever qualquer coisa que me passasse pela cabeça, sabendo, por analogia com a fotografia, que sempre poderia eliminar o que não me agradasse ou não pudesse usar.

A certa altura dos anos 1970, comecei a alimentar pretensões e ambições literárias. Creio que isso começou quando um amigo que era um "escritor de verdade" (isto é, de literatura) fez gentis comentários sobre alguns rascunhos de um ensaio que eu estava escrevendo sobre os mundos da arte. Comecei a pensar se não poderia melhorar a redação em sentido mais amplo, não apenas a clareza. Primeiro passei a experimentar um tipo de organização da qual nem tinha me apercebido antes. Comecei a plantar nas seções iniciais as sementes das ideias que exploraria mais à frente e a apresentar exemplos que usaria mais tarde para relembrar um aspecto complexo aos leitores. Citei o caso de Anthony Trollope (em sua autobiografia), contando que um velho criado lhe trazia café antes de começar a escrever e que esse criado merecia tanto crédito quanto ele próprio pelos livros resultantes. Usei esse exemplo como sinal de que o artista depende do auxílio de outros para fazer seu trabalho, e mais adiante apenas citei Trollope e seu criado, esperando que os leitores relembrassem o aspecto teórico.

Talvez em decorrência de minha prática de ensino, vim a me convencer cada vez mais da importância de casos – de bons exemplos – para apresentar as ideias. Eu costumava ficar irritado quando os estudantes me diziam que o que lembravam de meu curso de sociologia da arte era a história de Simon Rodia e as Watts Towers, que contei em inúmeros detalhes e ilustrei com *slides*. Eu queria que eles lembrassem as teorias que eu estava desenvolvendo com tanta calma e empenho. Mais tarde, concluí que os casos e histórias eram mais importantes do que as teorias. Em certo sentido, eu já devia saber disso, pois sempre começava meus relatórios de pesquisa de campo escolhendo entre minhas anotações alguns casos e episódios representativos, dispondo-os em alguma ordem e depois escrevendo algum comentário sobre eles.

Art Worlds também me apresentou aos problemas e vantagens das ilustrações. Era evidente que um livro sobre arte devia ser ilustrado. Minha primeira experiência com essa possibilidade teve um pouco de travessura. O *American Journal of Sociology*, depois de muitas revisões, aceitara um artigo meu chamado "Artes e Ofícios", que mostrava como alguns elementos dos ofícios artesanais tinham sido incorporados pelos mundos da arte. Ao longo do artigo, eu descrevia várias obras de arte que ilustravam os argumentos de minha análise. Quando o artigo foi aceito, liguei para a editora responsável e perguntei se ela não achava que seria conveniente ter algumas ilustrações. O *AJS* quase nunca publicava imagens, a não ser retratos dos membros falecidos do Departamento de Sociologia da Universidade de Chicago, e creio que imaginei que ela seria contrária e, aí, eu poderia me sentir discriminado. Naturalmente, ela respondeu que iria consultar o editor e o gráfico, mas achava que eles concordariam, como de fato aconteceu. Agora eu tinha mais trabalho a fazer, precisando encontrar imagens que realmente ilustrassem o que eu queria dizer e cujas reproduções não saíssem caras demais. O texto mencionava uma escultura cerâmica de Robert Arneson, um bule de chá cujo bico era um pênis, e uma fotografia de uma mulher nua feita por Edward Weston. Pensei que talvez surgisse algum problema por causa delas (a foto de Weston mostrava os pelos do púbis, o que apenas a *Playboy* tinha feito em época recente), mas, mais uma vez, eu estava errado em meus preconceitos.

Quando montei o livro, sabia que teria ilustrações. Grant Barnes, meu editor na University of California Press, me deu um conselho excelente. Ele falou: "Não ponha legendas de mera identificação das imagens. Escreva pelo menos uma frase dizendo o que o leitor deve enxergar na figura." Como segui o conselho, o leitor pode captar a essência do livro simplesmente olhando as figuras e lendo as legendas. Tudo isso aumentou meu interesse pelos aspectos visuais da redação e elaboração de um livro. Espero que a capacidade de meu novo computador em criar imagens e caracteres especiais também ajude nisso.

Repetindo a moral da história, e que é a única boa razão para eu falar tanto de mim mesmo: você aprende a escrever baseando-se no mundo ao seu redor, tanto pelo que ele lhe impõe quanto pelo que lhe oferece. As instituições onde trabalham os acadêmicos empurram-nos para determinadas direções, mas também abrem inúmeras possibilidades. É aí que você faz diferença. De minha parte, tenho sido relativamente aberto às possibilidades, talvez mais do que a maioria, e resisto às pressões (aqui, também, talvez mais do que a maioria). O mundo realmente pressiona e às vezes resistir dói. Mas meu caso, penso eu, apesar de todas as suas peculiaridades pessoais e históricas, mostra que o contrário é mais verdadeiro do que as pessoas costumam pensar.

6. Riscos

por Pamela Richards

A maior parte deste capítulo foi escrito por Pamela Richards, socióloga que leciona na Universidade da Flórida, mas ele requer uma breve introdução e explicação. Eu tinha gostado muito dos resultados do pedido que fiz a Rosanna Hertz, que me escrevesse sobre o que ela quis dizer quando falou que algumas maneiras de escrever tinham "classe". Assim, fiquei à espreita de uma oportunidade para ver o que mais eu podia descobrir persuadindo as pessoas a me escreverem o que queriam dizer com suas observações espontâneas. Não precisei esperar muito.

Eu conhecia Pamela Richards desde que ela começou seu trabalho de doutorado na Northwestern. Depois de concluir a pós e começar sua carreira docente na Flórida, ela continuou a estudar criminologia com técnicas estatísticas, seguindo o estilo de sua tese de doutorado. Depois de alguns anos, ela resolveu tentar alguma coisa diferente e usar sua considerável prática em trabalho de campo para fazer um estudo da penitenciária estadual feminina situada perto de Gainesville, na Flórida. Ela achava que o estudo ia ser mais difícil do que acabou sendo. Os encarregados da prisão lhe deram permissão de entrada sem problemas, e as presidiárias, de início desconfiadas, logo passaram a falar com ela sem reservas e lhe deram acesso à maioria das atividades da penitenciária.

Depois de um ano, Pamela havia reunido uma quantidade considerável de notas de campo e sabia muito sobre a vida naquela prisão.

Achou que devia começar a redigir os resultados. Já tínhamos nos correspondido antes sobre seus problemas no trabalho de campo, e assim ela me confidenciou que estava tendo dificuldades para começar a escrever. Visto que tinha se saído bem ao escrever sua pesquisa anterior, ela pensou que podia ser alguma coisa nos materiais qualitativos que exigia uma abordagem diferente, e me consultou a respeito.

Ofereci minha receita padrão, mencionada anteriormente, sugerindo que ela sentasse e escrevesse qualquer coisa que lhe viesse à cabeça, como se o estudo estivesse terminado, mas sem consultar suas notas de campo nem a bibliografia sobre prisões nem nada. Falei que digitasse o mais rápido que conseguisse. Quando empacasse, recomendei que digitasse "Empaquei" e passasse para outro tópico. Então leria os resultados e veria o que lhe parecia ser verdade. Dessa maneira, descobriria como analisar seus materiais de campo, pois teria de checá-los para ver se o que pensava ser verdade era mesmo verdade e, se não fosse, o que então era verdade. De todo modo, disse eu, ela redigiria depressa um monte de coisas em rascunho, e isso já era um começo.

Tenho dado esse conselho a muita gente ao longo dos anos. Não são muitos os que o seguem. Não discutem comigo, apenas não fazem. Sempre achei difícil entender isso, mas os resultados de meu conselho a Pamela me ajudaram a ver por que eram tão teimosos. Pamela não era teimosa, mas, como era reflexiva e tinha boa capacidade de expressão, podia deixar claro o que outros tinham achado problemático.

Durante algum tempo, não tive mais notícias de Pamela. Então ela escreveu para dizer que seguira meu conselho e estava enviando as cinquenta páginas resultantes, que redigira em dez dias. Aquilo me animou, claro. É muito satisfatório ver nossos conselhos darem resultado. Mas a carta que veio junto levantava uma questão que se demonstrou importante, e para a qual, depois de algumas espicaçadas, ela deu uma resposta maravilhosamente detalhada.

Pamela escreveu que alugara uma cabana na mata para morar enquanto tentava escrever o rascunho. "Embora soubesse que seria uma operação de altíssimo risco", disse ela, "decidi tentar mesmo assim." Não entendi o que ela queria dizer. Tinha uma carreira sólida, com publicações em periódicos respeitados e coautoria de um livro. Apresentava artigos em congressos, acabara de ser promovida e recebera estabilidade. Em outras palavras, tinha passado pelas provas mais assustadoras que afligem os jovens acadêmicos. Onde estava o risco?

Ali estava minha chance de usar o "método de pesquisa" que dera tão certo com Rosanna Hertz. Escrevi a Pamela, pedindo que explicasse o que havia de tão arriscado em se sentar a uma máquina de escrever durante dez dias e datilografar qualquer coisa que lhe viesse à cabeça. Comentei que, na pior das hipóteses, ela teria desperdiçado seu tempo, mas que isso não era um preço muito alto para alguém que, de outra maneira, talvez nem tivesse escrito coisa nenhuma.

Mais uma vez, fiquei algum tempo sem notícias dela. Então recebi a carta abaixo, explicando com franqueza e honestidade o que estava por trás daquele comentário casual. Minha intenção original era usar o que ela escreveu como matéria-prima para uma análise dos problemas do risco. Mas, quando reli a carta, ficou claro que eu não teria quase nada a acrescentar à sua história e à sua análise. Então perguntei a ela se aceitaria escrever o grosso desse capítulo, ao qual eu juntaria apenas uma introdução e o que mais fosse necessário para dar o engate com o restante do livro. Ela concordou. Não é uma maneira muito ortodoxa de fazer as coisas, mas parece a melhor maneira, e a mais honesta, de conseguir que se diga o que precisa ser dito. O que se segue é a carta de Pamela respondendo à minha pergunta.

Caro Howie:
Acabei de tomar duas xícaras de café enquanto pensava sobre a questão do risco. Devo começar minhas reflexões com três sonhos que tive na semana passada. Dois são sobre o risco (entre muitas outras coisas, tenho certeza) e um é sobre enfrentar o risco. Na verdade, só dois são sonhos, o terceiro é outro tipo de ocorrência noturna pela qual passei logo antes de receber sua carta.

Em meu primeiro sonho, eu tinha enviado a cópia do rascunho de três capítulos para uma amiga que conheço desde a pós-graduação. Era o mesmo rascunho que enviei a você. (Na realidade, ainda não enviei nada a ela.) Nós duas nos encontramos na convenção da Associação Americana de Sociologia em São Francisco, e ela trouxe uma pilha enorme de comentários por escrito. Estava *brava* comigo, e os comentários eram muito duros. Seguiam página após página: "Esta é a coisa mais absolutamente estúpida que você já escreveu na vida... Como você é capaz de dizer essas coisas?... Você não enxerga a natureza politicamente contestável do que disse aqui... Qual é seu problema, não tem absolutamente nenhum senso das coisas?... Tudo isso aqui é porcaria..." Enquanto eu lia o monte de comentários, ela ficou sentada ali, simplesmente me olhando furiosa, e a impressão que eu tinha era que ela queria me agarrar pelos ombros e me sacudir até me desmontar. Naturalmente comecei a chorar – em silêncio, as lágrimas escorrendo pelo rosto. Eu queria gemer, chorar em voz alta, sair correndo, mas, como estávamos na convenção com todos aqueles *colegas* ali, eu tinha de mostrar a melhor cara possível. Estava me sentindo péssima. Traída, talvez, mas principalmente como se tivesse decepcionado minha amiga. Sentia que não tinha me mostrado à altura do que ela esperava de mim, e que esse trabalho preliminar tinha de certa forma demonstrado que eu era uma merda – em termos intelectuais, pessoais, políticos e morais. Fiz esforço para me levantar da mesa onde estava lendo os comentários. Ela se reclinou na cadeira e me olhou. Seu rosto mostrava frieza e a raiva tinha se transformado em nojo. Aí fui abrindo caminho entre uma multidão de sociólogos na convenção (eu não conhecia nenhum), tentando sair. Continuava esbarrando neles, pedindo desculpas, mas ninguém nem reagia muito. Na verdade, nem tinham me olhado quando avancei para o meio deles. Então acordei.

Agora para equilibrar um pouco. Tive um segundo sonho naquela noite, acho que logo depois desse primeiro. (Eu andava lendo *Uma mulher inacabada* e *Pentimento* de Lillian Hellman. Lendo, relendo, trelendo. Não sei por quê.) No segundo sonho, eu estava sentada, compondo coisas para o livro sobre a penitenciária feminina. Não sei bem qual capítulo ou qual tópico, mas as palavras fluíam que era uma beleza. Não estava escrevendo; estava falando em voz alta e elas simplesmente saíam da boca. Estava tudo perfeito, o estilo era maravilhoso, e eu ciente de que tudo soava como se Lillian Hellman estivesse escrevendo aquilo – era exatamente o mesmo estilo, o mesmo ritmo das frases, o mesmo sentimento e expressão. Era maravilhoso. Eu me sentia muito poderosa e com total controle sobre o que estava fazendo. Sabia que era bom, sabia que era elegante e até comecei a gesticular enquanto falava, como se fosse uma interpretação oral. Quando acordei, recobrei a consciência como que flutuando devagar, de modo muito agradável, muito satisfeita comigo mesma e com o que tinha feito.

Mas aí, duas noites atrás, acordei de repente de um sono profundo (desta vez sem sonhos) com uma convicção totalmente clara e cristalina. Eu *sabia*, com total e absoluta certeza, que eu era uma fraude. A certeza não se formou de nenhum argumento explícito; não se desenvolveu de nada que eu reconhecesse; estava ali, pura e simplesmente. Então comecei a revirar aquilo na cabeça, tentando ver o que podia estar por trás, e a coisa começou a tomar uma forma melhor: "Sou uma fraude porque não trabalho como todos os outros fazem. Não leio os clássicos na hora de deitar; droga, não leio nada, a não ser romances sobrenaturais e coisas que não têm nada a ver com meu 'trabalho'. Não sento na biblioteca tomando notas; não leio os periódicos de cabo a rabo; e, o que é pior, nem quero. Não sou uma acadêmica. Não sou uma socióloga, pois não sei nada de sociologia. Não tenho para mim o compromisso de me imergir nas ideias e pensamentos dos Grandes Mestres. Não conseguiria ter nenhuma conversa coerente sobre A Bibliografia de qualquer assunto, nem daqueles em que supostamente sou especialista. Até pior, tenho a temeridade de alegar que estou fazendo um estudo das penitenciárias femininas, quando na verdade nem fiz direito. Não conheço tudo o que devia conhecer e não consigo me obrigar a fazer do jeito que deveria ser feito. E pior ainda, sei que vou ter de voltar logo e fazer mais uma coleta de dados, preenchendo as lacunas, ampliando as coisas, e desta vez vou ter de fazer direito. E não quero. Estou cansada demais."

Não muito bom em plena noite, né? Meu Deus, foi uma tortura. Fiquei dando voltas e mais voltas nesse tipo de coisa, ora brava, ora assustada. Simplesmente não conseguia me livrar da certeza de que eu era uma fraude. Principal razão?

Não "faço sociologia" como todos os meus colegas parecem fazer e como se supõe que se deva fazer. (E estou num período estéril para escrever – quase duas semanas –, o que logo traz a certeza de que sou uma parasita preguiçosa que não faz nada, absolutamente nada.) O fato de eu saber que ninguém trabalha do jeito que diz que trabalha e que ninguém traça a linha metodológica perfeita não me ajuda muito, pois não consigo converter essa consciência numa percepção visceral. Me sinto vulnerável. Outros podem me pegar se eu mostrar que não passo de uma caricatura de socióloga, mesmo que eles sejam igualmente caricaturais.

E o que tudo isso tem a ver com o risco? Para mim, sentar para escrever é arriscado porque significa que tenho de me expor ao escrutínio. Isso exige que eu confie em mim mesma, e também significa que preciso confiar em meus colegas. O mais problemático, de longe, é esse segundo aspecto, porque são as reações dos colegas que me permitem confiar em mim mesma. Por isso sonho com minha insegurança e com o ataque pessoal de uma das amigas em quem mais confio e de quem sou mais próxima.

Meu Deus, é difícil confiar nos colegas. Não é apenas uma questão de rirem da gente. Qualquer trabalho pode ser usado como prova do tipo de sociólogo (e de pessoa) que a gente é. Os colegas leem nosso trabalho e dizem: "Droga, não é grande coisa. Eu faria melhor. Afinal ela não é tão boa assim." (E, por extensão, eles concluem que nossa atuação pública como sociólogos é uma enganação.) Nossa área é montada de uma maneira tão competitiva que a gente alivia nossas inseguranças denegrindo os outros, muitas vezes em público. Há sempre um medo (para os que são cientistas sociais novos e desconhecidos) assoprando que até nossos colegas podem fazer comentários informais a nosso respeito que vão se tornar parte de nossa imagem profissional. Se forem comentários críticos ou negativos, a coisa fica perigosa. Por isso é muito arriscado mostrar o rascunho de qualquer coisa aos colegas. Poucos entendem o que é um rascunho de trabalho. Supõem que falta só um passo para que um rascunho seja enviado para publicação. Assim, se você aparece com uma primeira versão, fica com medo do que pode acontecer. Podem achar que é um trabalho vagabundo, malconstruído, muito malfeito mesmo. E o que eles concluem? Que você não tem muito de socióloga, se põe essa porcaria para circular. E se eles contarem isso a outras pessoas?

Mas digamos que você consiga convencê-los de que um rascunho é apenas um rascunho, que saiu numa espécie de fluxo de consciência, que é só para ter as ideias ali. Ainda continua a ser um risco tremendo, porque quem lê pode não esperar uma linguagem maravilhosa ou frases elegantes, mas vai esperar ideias magníficas. De certa forma, é ainda mais assustador. O que está em jogo são as ideias, não a habilidade em escrever. Quantas vezes a gente não ouve dizerem: "Bom, talvez não escreva muito bem, mas, puxa vida, ela é genial!" Tudo bem escrever como caloura de faculdade se você for genial. Se você pede para lerem um rascunho de trabalho, o que você está pedindo é que julguem sua capacidade de pensar sociologicamente. Está pedindo que avaliem se você é inteligente ou não e se é socióloga de verdade ou não. Se não há nenhuma grande centelha, nenhuma ideia muito interessante, o que o leitor vai concluir? Que você é burra. E se ele contar para outra pessoa, você está condenada. Daí o medo de deixar que alguém veja um rascunho. Não consigo encarar a hipótese de me acharem burra.

A maioria desses aspectos também se aplica a deixar outros sociólogos, não seus iguais, verem seu trabalho, mas com algumas diferenças. Há vezes em que mostrar seu trabalho a colegas mais graduados parece ainda mais perigoso do que mostrar a seus iguais. Digamos que você é apenas auxiliar de ensino, sem estabilidade. Qual é a consequência prática de ficar conhecida como desleixada (cenário 1, acima) ou tapada (cenário 2)? E se os docentes plenos chegarem a essa conclusão sobre você e seu trabalho? Não vai ter bolsa, não vai ter proposta de emprego, não vai ter promoção. É arriscado. O renome profissional está ligado à posição profissional e, entre nós, são poucos os que podem dizer: "Pouco me importa o que você pensa."

Para vencer esses medos, para enfrentar o risco de ser considerada desleixada ou burra, você tem de confiar em seus colegas. Mas a área é organizada de uma maneira que corrói incessantemente essa confiança. Seus colegas estão concorrendo psicologicamente com você (ah, a coisa perversa que faz eu me sentir melhor quando outra pessoa está na lama) e também estruturalmente. Estabilidade, bolsas, vantagens estão se tornando cada vez mais parte de um jogo de soma zero, conforme o mundo acadêmico vem sofrendo o atual arrocho econômico.

Então, é difícil confiar em seus colegas, sobretudo os mais próximos: os de seu departamento ou de sua área de especialização. Também é muito fácil ter medo dos colegas mais graduados, porque você sente que estão te julgando o tempo inteiro. E é o que devem mesmo fazer, pois são eles que sentem a obrigação de ter de separar o joio do trigo nessa nova safra de acadêmicos. Conversam entre eles sobre nosso trabalho e comentam o que pensam sobre nosso potencial. Então, como você vai poder confiar que não sairão por aí contando histórias quando concluírem que seu trabalho não é muito bom?

Esse problema da confiança é crítico porque desgasta o tipo de liberdade emocional e intelectual de que todos nós precisamos para conseguir criar. Em quem você pode confiar? Imagino que existam alguns indivíduos tão confiantes que não se preocupam com o que pensam os colegas, mas são uma raça especial, um tipo muito raro. Simplesmente vão em frente, distribuindo manuscritos a torto e a direito, entupindo as caixas de correspondência das pessoas com páginas e mais páginas de ideias úteis e interessantes. Como conseguem? Alguns têm o tipo de personalidade que lhes dá essa habilidade; outros (a maioria) têm a liberdade estrutural que lhes dá mais poder de dizer: "Não dou a mínima para o que os sociólogos 'devem' fazer, estou fazendo o que eu quero." Percebi um pouco disso em mim (mas bem pouquinho), agora que sou professora efetiva. Não que eu tenha passado necessariamente a confiar mais em alguém, é que agora não preciso mais me preocupar tanto com o impacto de seus juízos negativos.

Mas confiar… Em quem você pode confiar? Quando penso em quem confio para ler meu trabalho, percebo que são pessoas que já sabem até que ponto pode ir minha burrice: colegas de pós-graduação, professores que me deram aulas de sociologia durante a pós-graduação, algumas pessoas daquela época que, além de colegas, também se tornaram amigas. Quem me conheceu na pós sabe de tudo isso, e sei que com essas pessoas o caminho é um só: subindo. Viram minhas primeiras tentativas de pensar e escrever, me deram apoio o tempo todo e acreditaram que havia algo por trás de toda a confusão. Então confio nelas. E, não por acaso, elas confiam em mim. Trocamos nossas coisas por causa daqueles primeiros laços. Afinal, não há nada que se compare ao sofrimento daquelas primeiras tentativas de sair para o mundo, de rabiscar algumas notas e então voltar para casa e tentar fazer alguma coisa com aquilo. E não há nada que se compare ao entusiasmo de ter alguém que lhe diga que aquelas minúsculas tentativas prestavam. Os colegas daquela época que se tornaram amigos são poucos, mas preciosos. Confiamos uns nos outros porque lutamos para vencer as barreiras estruturais que no começo nos dividiam. Como todas as amizades, elas resultam daquela espécie de dança em passos miúdos e cautelosos, que ora nos aproximam, ora nos afastam, várias vezes, cada aproximação criando um pouco mais de confiança e interesse. Não tenho nenhuma receita de criar amizades de confiança, embora bem quisesse ter. Comigo, é uma coisa muito idiossincrática, embora às vezes resulte de trabalharmos juntos em algum projeto de pesquisa.

Então, são essas as pessoas em quem confio para mostrar meus rascunhos. O risco profissional é menor por causa de nossa história em comum. Suas reações são importantes, absolutamente fundamentais para eu poder continuar a trabalhar em meus rascunhos. Suas reações me convencem a confiar em mim mesma, pois, para mim, há mais outro grande risco presente na escrita. É o risco de descobrir que sou incapaz de fazer sociologia e, por extensão, que não sou socióloga e, portanto, não sou quem digo ser. O risco de ser descoberta e julgada pelos colegas está ligado ao risco de ser descoberta e julgada por mim mesma. Os dois estão tão intimamente entrelaçados que muitas vezes é difícil separá-los. Como você pode saber que está indo bem, que é mesmo uma socióloga, a menos que alguém lhe diga? É a reação dos outros que me permite entender quem eu sou.

Tais são as voltas do risco: confio em mim (e, portanto, posso me arriscar a pôr no papel minhas ideias – as coisas que criei) em primeiro lugar porque outras pessoas em quem confio me disseram que eu presto. Mas ninguém vai poder me dizer isso enquanto eu não fizer mesmo alguma coisa, enquanto não escrever mesmo alguma coisa. Então aqui estou eu, olhando uma folha em branco, encarando o risco de descobrir que não consigo fazer o que me dispus a fazer, e portanto não sou a pessoa que finjo ser. Ainda não escrevi nada, e então ninguém pode me ajudar a afirmar meu compromisso e reforçar meu sentido de quem sou eu.

Preciso dizer mais uma coisa sobre essa confiança que a gente adquire com o retorno que os amigos de confiança nos dão. Você precisa confiar que essas pessoas não só vão te tratar bem (não serão competitivas, não sairão comentando por aí quando você fizer alguma trapalhada), mas também te dirão a verdade. Preciso ter *absoluta* certeza de que, se estou escrevendo bobagens ou tendo ideias idiotas, elas vão dizer. Se não puder confiar que me dirão a verdade, o retorno delas não me ajudará a confiar em mim mesma. Eu sempre me pergunto se minhas ideias são boas mesmo ou se as pessoas estão apenas sendo gentis. A sensação de que alguém está tentando me animar é mais prejudicial para minha noção de identidade do que uma crítica direta. Claro, todos nós dizemos mentirinhas inofensivas uns aos outros. Mas precisa haver uma honestidade de fundo, ou do contrário vou ficar realmente atordoada. Precisamos acreditar que não há pecado nenhum em errar ou em criticar, do contrário o retorno não adianta nada.

Como tento lidar com todos esses riscos e continuar em frente? Para começar a escrever, às vezes preciso olhar para trás. Digo para mim mesma: "Bom, posso nunca ter escrito nada sobre prisões antes, mas escrevi sobre delinquentes juvenis, e ao que parece as pessoas acharam aceitável." Pelo menos me reconforta um pouco. Ou olho em frente: ligo para os amigos de confiança e falo de meu trabalho. Falo, falo, falo, eles murmuram os sons devidamente reconfortantes e então me sinto um pouco mais forte. Às vezes me sinto forte o suficiente para começar a escrever. Tem uma coisa que acho que muita gente pensa: falar sobre o trabalho é menos arriscado do que escrever sobre ele. Em parte é porque ninguém se lembra das ideias que você comenta. Mas é também como se tivéssemos um acordo informal de não nos considerarmos responsáveis por nada do que falamos. Então sinto segurança em soltar alguns comentários, ganhar reforço, me sentir melhor comigo mesma e talvez enfrentar aquele primeiro risco. Mas aqui também tem uma pegadinha. Como o que dizemos não conta, é fácil considerar essas conversas como falação inconsequente. Mas, se eu pensar assim, o retorno positivo do interlocutor não terá credibilidade, porque vou concluir que é uma reação à minha atuação, à minha fachada de socióloga, e não a qualquer ideia significativa. Mas, se eu aprender a levar as conversas a sério, as reações das pessoas poderão me ajudar a engatar as primeiras palavras no texto.

Em alguns aspectos, quanto mais você escreve, mais fácil fica, porque com a prática você aprende que não é tão arriscado quanto temia. Você tem um histórico do qual pode extrair autoconfiança, seu nome tem credibilidade entre um número maior de pessoas do que aquelas para quem você telefona e, melhor de tudo, você demonstrou a si mesma que vale a pena enfrentar o risco. Você enfrentou o risco, produziu alguma coisa e *voilà*! Aí está a prova de que você é quem diz ser. Mas devo também reconhecer que não é tão fácil como estou apresentando. Meu histórico na escrita me dá alguma confiança, mas vejo meus trabalhos anteriores com sentimentos contraditórios. Parecem desajeitados, cheios de erros, e digo a mim mesma que preciso melhorar. Minhas expectativas mudam constantemente, e redefino o que considero um bom trabalho no mesmo ritmo. Isso significa que, a cada vez que sento para escrever, fico pensando se vou mesmo conseguir fazer aquilo. Então, escrever ainda é uma atividade arriscada.

Mas o que parece que estou aprendendo, ao passar mais tempo escrevendo, é que vale a pena correr esses riscos. Vá lá que produzo um volume assustador de porcarias, mas, de modo geral, posso notar que são porcarias antes que outra pessoa tenha ocasião de ver. E de vez em quando produzo algo que presta, algo que Lillian Hellman poderia ter escrito, algo que capta exatamente o que eu quero dizer. Normalmente, é apenas uma frase ou duas, mas, se eu continuar trabalhando, a quantidade dessas frases vai aumentar. Esse acúmulo de material bom também me ajuda a encarar os riscos. Quando me sinto totalmente incapaz de escrever, às vezes volto e releio partes de algum texto meu que me agrada. Isso me lembra que o risco tem dois lados. Você pode perder, mas também pode ganhar. Tendo a pensar apenas na perda, e isso me deixa medrosa. Reler algum bom material às vezes me ajuda a começar, quando outros estratagemas falham. E também estou vendo que o lado negativo de enfrentar riscos não é tão ruim quanto eu temia. Posso esconder as coisas piores entre o que escrevi.

Nunca ninguém vai precisar vê-las – e jogo fora o mais rápido que dá. O que mostro aos outros são coisas que penso que têm algum mérito, e até aquele ocasional parágrafo que está ali tão bonito na máquina de escrever. Em outras palavras, tenho certo controle sobre os riscos existentes em escrever e deixar que outros vejam o que fiz. Não estou totalmente à mercê de outra pessoa, nem mesmo à mercê de minhas próprias exigências de uma perfeição que é impossível. Tenho a possibilidade de jogar coisas fora.

É isso. Mas é a complexidade do risco, sua dupla natureza, que me leva a sonhar na mesma noite que sofro os ataques de uma amiga e que escrevo como Lillian Hellman. Conforme continuo a escrever, começo a entender que não é uma questão de tudo ou nada. Se de fato puser algo por escrito, estou sujeita a ganhar um pouco e a perder outro tanto. Trabalhei durante muito tempo sob o peso de pensar que era uma questão de tudo ou nada. O que estava escrito tinha de ser uma verdadeira preciosidade literária ou um lixo irrecuperável. Não é assim. É só um monte de coisas, mais ou menos ajeitadas como um argumento. Uma parte é boa, outra parte não é.

Não tenho nada a acrescentar a esta análise. Pamela Richards explorou detalhadamente a organização dos colegas e dos superiores típica do mundo dos jovens acadêmicos e mostrou claramente como isso afeta a disposição pessoal de aproveitar as oportunidades com que você se depara, ao tentar ser um intelectual profissional. Com essas duas histórias pessoais no livro, você pode sentir o que é específico da pessoa e o que é genérico na situação e no processo. Não sei até que ponto esses sentimentos são típicos em outras áreas. Creio que afligem a maioria dos acadêmicos e intelectuais.

7. Soltando o texto

A OBRA DE TRACY KIDDER *The Soul of a New Machine*, em que uma equipe de engenharia narra a criação de um novo microcomputador, me ensinou uma boa expressão: *"getting it out the door"* [ao pé da letra, "fazer algo sair porta afora"; em sentido figurado amplo, aqui usado, "lançar, soltar (um produto)"]. O pessoal da indústria de computação costuma usar a expressão para se referir à última etapa no desenvolvimento de um novo produto. Criar uma nova máquina leva muito tempo: a concepção da ideia; a transposição da ideia para os projetos de hardware; a construção do hardware; a criação simultânea de um sistema operacional para controlar o hardware e dos programas e aplicativos que compensam sua construção; a redação dos manuais de instrução para as pessoas aprenderem a usá-la; o acondicionamento dos livros e CDs na embalagem; por fim, a expedição do produto para o comércio e o público usuário.

A indústria de computação tem uma expressão especial para o final desse processo porque há muitas coisas que podem interferir nele. Muitos projetos nunca são lançados. O hardware não funciona como deveria. Os fornecedores não entregam os componentes que diziam ter para pronta entrega. Mas muitas vezes os novos computadores não chegam a sair porque os engenheiros que trabalham neles consideram que não estão prontos para o lançamento. E muitas vezes têm razão. Ressoam no setor os casos de máquinas que foram lançadas antes de estarem prontas, levando empresas à falência, estragando a imagem de um produto que tinha tudo para ser bom, prejudicando o nome e a carreira dos envolvidos.

Uma explicação comum, superficialmente correta, atribui esses desastres a uma tensão crônica entre o pessoal do comercial e os engenheiros. O pessoal do comercial precisa da máquina imediatamente. A concorrência já tem uma, e a empresa vai perder sua fatia de mercado se não aparecer logo com um similar. Mas os engenheiros sabem que, com um pouco mais de tempo, conseguirão fazer uma máquina melhor: com menos *bugs*, mais despojada, mais elegante, encarnando melhor sua concepção inicial. Sabem que pelo menos outros engenheiros apreciarão esses refinamentos e admirarão a engenhosidade. O pessoal do comercial está pouco ligando para a elegância e a perfeição que impressiona os colegas dos engenheiros: acham que os engenheiros são uns malucos avoados, bem capazes de levar a empresa à falência com seus sonhos de perfeccionismo. O critério prático deles é que a máquina esteja "bem boa", cumprindo a função para a qual foi desenvolvida de maneira suficiente para atender aos usuários. Os raros engenheiros que se movem entre os dois mundos e chegam a uma integração entre esses critérios distintos ganham o respeito de todos por conseguirem "aprontar" o produto.

A tensão entre aprimorar e finalizar surge sempre onde é preciso terminar um trabalho ou lançar um produto: um computador, um jantar, um trabalho de semestre, um automóvel, um livro. Queremos terminar e entregar às pessoas que vão usar, comer, ler a coisa. Mas nenhum objeto jamais incorpora totalmente a concepção de seu criador. Devido à fraqueza humana, sua e dos outros, erros e defeitos são inevitáveis. Você se esquece de pôr sal, deixa passar algum bug importante em seu programa, comete uma falácia lógica, deixa de fora uma variável importante, escreve uma frase vergonhosamente capenga, ignora a bibliografia especializada pertinente, interpreta mal seus dados – todas as formas de produção têm suas listas de erros mais frequentes. Mas, pensamos nós, se eu repassar só mais uma vez, vou conseguir pegar esses erros e arranjar soluções ainda melhores para os problemas que me propus resolver.

O lançamento não é a única coisa que as pessoas valorizam. Muitos trabalhos importantes em várias áreas foram feitos sem levar em conta se algum dia sairiam. Acadêmicos e artistas, sobretudo, acreditam que, se aguardarem o suficiente, encontrarão uma maneira mais lógica e abrangente de dizer o que pensam. A mesma atitude encontra lugar de honra na tradição e no folclore profissional. O compositor americano Charles Ives, nas fases finais de sua carreira musical, simplesmente não dava a mínima para lançar alguma coisa. Sua fama se baseia em obras que nunca considerou terminadas, embora em certo sentido (mas não no *dele*) estivessem prontas. Na verdade, poucas peças suas teriam sido executadas, não fosse pela insistência de músicos que o adulavam e amolavam até conseguirem que, a contragosto, ele lhes passasse as partituras. Mesmo aí, não os ajudava muito a decifrar as complexidades e ambiguidades de seus garranchos (ver os relatos em Perlis 1974).

Os criadores muitas vezes querem adiar o lançamento, mesmo quando o criador é também o departamento de marketing (como acontece no mundo acadêmico) e sabe muito bem que *precisa* soltar a coisa, e logo. Os trabalhos de alguns autores só saem da escrivaninha quando alguém os tira de lá às escondidas. Conheço o dono de uma editora que foi até a casa de um autor e, com a cumplicidade da esposa deste último, surripiou um manuscrito que o autor achava que ainda precisava de um pouco mais de trabalho, principalmente nas notas de rodapé. O autor não reclamou quando o livro foi publicado.

Para os escritores, um lançamento se dá em várias etapas. Começam a soltar o trabalho ao mostrá-lo para um círculo de colegas e amigos de confiança, que farão sugestões e comentários. Então soltam para os monitores dos cursos, os orientadores da tese, os pareceristas dos periódicos, os pareceristas das editoras e, por fim, para o grande público anônimo que poderá ler a obra quando estiver disponível no mercado. Alguns escritores começam a postergar quando ainda são estudantes, deixando de entregar os trabalhos de curso no prazo e acumulando uma quantidade recorde de coisas incompletas. Alguns só deixam os amigos de confiança verem o trabalho quando são levados ao desespero pelo isolamento, e aí mostram um material maciçamente retrabalhado e altamente burilado. Outros mostram as versões iniciais aos amigos, mas evitam submeter qualquer coisa a publicação, insistindo que precisam reler alguns dos grandes mestres, montar mais algumas tabelas, dedicar mais algum tempinho à bibliografia – qualquer desculpa plausível.

Eu gosto de soltar meus textos. Gosto de reescrever e mexer na organização e nas palavras, mas logo resolvo de duas, uma: ou deixo o trabalho de lado, como ainda prematuro para ser redigido, ou ponho em forma adequada para lançar. Meu temperamento – impaciente, ansioso por recompensas, curioso em ver como os outros vão reagir ao que eu disse – me empurra para essa direção. E esse meu temperamento provavelmente se reforçou porque cresci no ramo da música popular, onde você toca todas as noites, esteja a fim ou não, quer o que você toque esteja bom ou não. E, mais importante, Everett Hughes me ensinou que a vida intelectual é um diálogo entre pessoas interessadas no mesmo assunto. Você pode ficar sapeando a conversa e aprender com isso, mas em algum momento terá de dizer alguma coisa. Seu projeto de pesquisa não estará pronto enquanto você não puser por escrito e colocar na roda, publicando-o. Essa concepção tem raízes evidentes na filosofia pragmática de John Dewey e George Herbert Mead, ambos importantes no pensamento e na prática das ciências sociais. Também tem conotações fortemente moralistas.

Os estudantes e colegas que trabalharam comigo sabem o quanto posso ser moralista, teimoso e irritante quando se trata de soltar o texto. Por que eles não terminam a tese? Cadê o capítulo que eles prometeram? Você está quase no fim – *o que está demorando tanto?* Sei que, quando fico assim, estou deixando de ver alguma coisa. Nunca nada é tão simples, tão ou/ou. Então tento saber o resto da história. Sempre tem mais alguma coisa.

Encontrei o outro lado dessa história, continuando com a metáfora do computador, perguntando se era possível lançar o produto cedo demais. A pergunta responde a si mesma. Uma empresa de computadores pode ir à falência se ignorar as advertências dos engenheiros. Mas a coisa vai além disso. James Joyce não tinha nenhuma pressa em soltar *Finnegan's Wake*. Muitas obras-primas resultam de anos e anos de reelaboração paciente de pessoas que parecem não dar a mínima em finalizar as coisas. Num dos extremos, exemplificado por

Ives, os produtores deixam de se importar se vão algum dia terminar alguma coisa. Algumas obras-primas, claro, ficam prontas depressa, mas a chance de que um pouquinho mais de elaboração possa transformar algo bom em algo ótimo torna qualquer um mais vagaroso. Trabalhar devagar, sacrificar as recompensas do presente para produzir algo realmente valioso, passar vinte anos para produzir um livro (como fez John Rawls com *Uma teoria da justiça*) – é uma imagem fascinante, mesmo para alguém prático como eu.

Assim, tanto "soltar" quanto "esperar um pouco" têm aspectos positivos. A solução convencional (e sensata) para esse problema é ver que você está escolhendo entre produtos concorrentes e tentar equilibrá-los. Mas esse reconhecimento não ajuda muito. Onde encontramos o equilíbrio? O problema é o mesmo.

O caso de Ives sugere uma abordagem possível. Como ele podia ser compositor e mesmo assim nunca terminar uma composição? Sendo um determinado tipo de compositor: aquele que não era tocado. A música que não foi terminada não pode ser tocada. Os instrumentistas podem, claro, pegar a partitura e dá-la por terminada, como faziam com Ives. Mas Ives não precisava terminar nada porque tinha escolhido não participar nas formas usuais de atividade em grupo, nas conversas do setor musical de sua época. Como não se importava se sua música era executada ou não, não precisava terminá-la.

De modo mais geral, você pode decidir quando vai lançar seu trabalho decidindo que papel você quer ter no mundo em que se faz o tipo de trabalho que você faz. Não se trata simplesmente de traduzir uma pergunta insolúvel para outra linguagem, mantendo-a sem resposta. A nova formulação pelo menos faz você pensar e avaliar os prêmios e castigos organizacionais das diferentes estratégias.

Quando falo com estudantes de pós-graduação que empacaram numa tese ou com amigos acadêmicos que não conseguem redigir suas pesquisas ou pôr seus artigos numa forma publicável, eu deveria parar de moralizar e, em vez disso, falar sobre a organização social. Mas, a menos que eu amordace o pregador que há dentro de mim, nossas conversas desandam para discussões moralistas irritantes e insolúveis. Começo a moralizar, aconselhando que não sejam perfeccionistas, que se contentem com o que está bom para os demais. Digo que nunca escrevi uma obra-prima e que nunca conto com isso. Por que com eles seria diferente?

Eles não gostam disso. E por que haveriam de gostar? Muitas vezes não reconhecem nem aceitam o diagnóstico, que pode estar errado mesmo, e então se fazem igualmente moralistas. Aprontar as coisas só para ficarem prontas não parece algo muito ético. Na verdade, cheira a carreirismo. Muitas vezes, os acadêmicos especulam se as pessoas que "publicam muito" não estariam agindo por razões pouco louváveis.

Para entender o argumento que acabo de expor, temos de abandonar o moralismo e ver o problema em sua relação com a organização social da vida acadêmica. Aqui, a concepção do *vocabulário de motivos* de C. Wright Mills (1940) pode nos ajudar. Toda sociedade ou grupo social tem uma lista de razões aceitáveis e compreensíveis para fazer as coisas. Assim, podemos explicar que aceitamos determinado emprego porque "precisávamos do dinheiro", porque "gostamos de trabalhar com pessoas", porque "esse tipo de coisa me interessa" ou porque "oferece chances de progredir". Todas essas são razões compreensíveis para fazer coisas nos Estados Unidos de hoje. Podemos não fazer coisas por essas razões ou não aprovar quem as faça, mas entendemos que os que fazem não são loucos nem malévolos. Em outras sociedades, pode ser que alguém explique que fez alguma coisa porque o irmão de sua mãe mandou que fizesse ou porque Deus lhe disse. Alguns amigos entenderiam minha decisão de aceitar um novo emprego porque sou de Áries e é assim que as pessoas de Áries são. Mas eu teria de ter muito cuidado com quem me ouvisse dizer que fiz porque Deus me falou para fazer.

Não usamos a lista de explicações aceitáveis de nossa sociedade apenas para falar com os outros. Também perguntamos a nós mesmos por que fazemos as coisas e procuramos explicações razoáveis nessa mesma lista. Se não encontramos nenhuma, podemos não fazer o que pretendíamos ou podemos nos indagar sobre nossa sanidade mental. Quem faz alguma coisa por razão nenhuma?

O vocabulário de motivos corrente na academia explica a alta frequência de publicações de um acadêmico de várias maneiras, nem sempre lisonjeiras. Quem publica muito é para "avançar", "fazer nome", "ganhar aumento" e, o mais triste de tudo, "conseguir estabilidade". Tais razões dizem nas entrelinhas que o autor se satisfaz com algo de segunda categoria, aceita um trabalho que é "passável" só para lançá-lo e ganhar a recompensa.

Os acadêmicos que aprontam coisas em "tempo razoável" consideram essa análise interesseira, uma desculpa para não terminar as coisas. Explicam que escrevem "para contribuir com a ciência", "para participar do diálogo acadêmico" ou porque "escrever é divertido". É assim que eu falo. Essas razões parecem meio polianescas e um pouco fantasiosas. (Os que sofrem ao escrever acham especialmente absurda a ideia de que escrever é divertido.) Apesar disso, há escritores que fazem as coisas por essas razões. Se você enxerga a atividade acadêmica como um grande jogo, escrever, entrar no diálogo ou dar uma contribuição pode ser tão divertido quanto terminar uma partida de PacMan. Mas, se você se concentra em fazer as coisas direito, essa ênfase na produção fica parecendo um arranjo. A retórica soa interesseira e até imoral.

Esse duelo moral não leva a lugar nenhum. Mais vale falar sobre as consequências das diversas maneiras de escrever. Na verdade, a organização da vida acadêmica evoca e premia os dois grupos de motivos, tomando ambos como razoáveis e necessários.

Como está organizado o mundo da academia, e qual o papel da escrita e publicação dentro dele? Que papel você quer desempenhar, e quais os efeitos que sua maneira de escrever e publicar terá sobre o papel que escolheu? Boas perguntas, para as quais não existem respostas unívocas, o que não é de se estranhar. E não é de se estranhar porque os acadêmicos não se dispõem muito a estudar a organização de seu mundo social. Não querem que seus segredos sejam revelados nem que seus mitos prediletos sejam desmascarados como contos de fadas. Gostam de contar histórias de suas experiências e de extrair delas grandes conclusões sobre o que fornece confiança aos estudantes, quais as estratégias de carreira que funcionam (fiz as duas coisas neste livro) e, especialmente, como a gestão das universidades é "racional", apesar da aparente superfície caótica. Um exame sistemático dos estudantes, das carreiras ou das universidades sem dúvida contrariaria suas convicções, e assim ninguém pensa que vale a pena se dedicar ou cooperar com uma pesquisa dessas.

Portanto, não existe nenhum corpo de pesquisas que possa resolver essas questões. Mesmo assim, podemos começar por alguns pontos. Poucos discordarão do que digo. Tal como muitos outros conhecimentos sobre o funcionamento da sociedade, as pessoas já sabiam o tempo todo como ela funcionava, mas preferiam não ter de pensar sobre as implicações e os corolários. A tarefa do cientista social é dizer essas coisas em voz alta e levar todos a pensarem seriamente a respeito.

Os mundos acadêmicos guardam uma profunda ambivalência, que se reflete nas atitudes contrárias de "apronte logo" × "não tenha pressa". Pelo lado prático, os mundos da academia são o que Everett Hughes (1971, p.52-64) chamou de *"going concerns"* [preocupações em andamento], orientadas para o término dos trabalhos. Em termos menos práticos, eles adotam a perspectiva da história no longo prazo, vendo o desenvolvimento de um conjunto de práticas e conhecimentos ao longo de anos e até de séculos. Do lado prático, estão operando agora e precisam lidar com todos os problemas imediatos de qualquer preocupação em andamento. Talvez não precisem produzir um novo computador para garantir uma fatia do mercado (embora a concorrência pelas inscrições dos alunos, pelo renome acadêmico e pelo dinheiro seja mais ou menos parecida). Mas eles criam e sustentam associações formais, que realizam encontros anuais e publicam periódicos, que por sua vez exigem que as pessoas escrevam artigos para apresentação oral e publicação. Os mundos acadêmicos fornecem o conjunto de mão de obra que trabalha nos departamentos da universidade e ministra seus cursos. Os mundos acadêmicos produzem os manuais utilizados nesses cursos. Seus integrantes dão entrevistas a jornais e dão pareceres ao legislativo sobre o divórcio, a criminalidade, o poderio nuclear, as catástrofes naturais e tudo aquilo que as áreas devem conhecer o suficiente para poder falar sobre tais questões.

A maioria dessas atividades requer que alguém prepare textos, que alguns produtos fiquem prontos. A organização das disciplinas acadêmicas não exige que seja uma pessoa específica a cumprir tais tarefas. Se eu não escrever um livro definitivo sobre o assunto, você escreverá; se não for você, será outra pessoa. Se nenhum de nós escrever o livro, poderemos sofrer as consequências; mas a área não sofrerá. Não seremos promovidos, mas alguém acabará por escrevê-lo, se houver material para isso, e será promovido enquanto nós continuaremos a dar aulas nos cursos de introdução.

Apesar de tudo, essas atividades abrem as portas por onde nossos textos acadêmicos podem sair. Os profissionais se guiam pelos prazos e restrições criados pelas disciplinas. Práticos, fazem concessões. Não escreverão, por exemplo, em formatos curtos ou longos demais para os veículos usuais onde seus trabalhos podem aparecer. Podem ganhar renome, como o dos engenheiros que lançam os computadores, por produzirem o necessário, na forma necessária, dentro do prazo. Desse ponto de vista, é fácil minimizar os problemas da redação, como faz um professor, pelo que me contaram, que diz a seus estudantes de pós-graduação que basta copiarem o que aparece na *American Sociological Review*. Se você usar os principais periódicos como exemplares (no sentido que Thomas Kuhn deu ao termo), você só terá problemas enquanto não dominar a forma. A partir daí, escrever seria tão simples quanto digitar.

O mundo acadêmico – este é o outro lado da ambivalência – também se orienta pelo longo prazo. Nessa perspectiva, ele não precisa das mesmas coisas. Precisa de novas ideias. Mas os velhos formatos não dão muito espaço para ideias diferentes. Erving Goffman tinha qualidade e teimosia suficientes para que os guardiões da profissão aceitassem os textos que ele escrevia numa extensão totalmente "inconveniente": ensaios de sessenta páginas, longos demais para os periódicos e curtos demais para um livro. As pessoas, em sua maioria, não produzem um trabalho original tão surpreendente e não têm a força pessoal que garantiram sucesso aos empreendimentos quixotescos de Goffman. Mas quem "leva a vida toda" para acabar o que está escrevendo não é tão doido, preguiçoso ou acomodado como dizem pessoas como eu. Eles simplesmente se guiam pelo longo prazo, e cumprir os prazos efêmeros para os congressos da Midwest Sociological Society é algo realmente trivial, com que nem vale a pena se incomodar. E isso não é bobagem.

Para a disciplina como um todo, é sem dúvida algo bom. Desde que uns façam uma coisa e outros façam a outra, as várias atividades que esperamos do mundo acadêmico – dê cursos, lance periódicos, crie novas ideias – são cumpridas. Mas os indivíduos podem sofrer consequências em função das tarefas que assumem. Se você levar vinte anos para escrever um livro que, então, não se revela grande coisa, com certeza as consequências virão. Mas, se um bom número de pessoas tentar, o mundo acadêmico se beneficiará. Se fizermos essa escolha, estaremos apostando alto num jogo arriscado e precisamos estar cientes disso.

Por trás dessas análises há algumas suposições que devem ficar explícitas e cujo acerto demanda verificação. As pessoas supõem, por exemplo, que demorar mais é necessariamente melhor do que demorar menos. Afinal, pensar durante um ano sobre um tema não deveria resultar em ideias melhores e num entendimento mais aprofundado? O tempo extra não lhe permitirá que você burile sua prosa, para que expresse com mais precisão e elegância seus pensamentos mais elaborados? Claro que sim! Quanto mais tempo você investe, maior seu retorno.

Os escritores que evitam trabalhar rápido e soltar logo seus textos também pensam que uma obra-prima leva muito tempo para ser feita, ao passo que os autores de revistinhas *pulp* executam rapidamente suas tarefas. Quem não preferiria escrever uma obra-prima em vez de uma historieta numa revista barata? A comparação é contestável. Devemos tentar escrever grandes obras primas ou seria melhor pretendermos uma prosa boa e clara, que diz o que precisa ser dito de uma maneira convincente? A ciência precisa de uma prosa que seja uma obra-prima? Qual é a chance de que algo escrito no estilo convencional dos periódicos acadêmicos seja uma obra-prima? O caráter pretensioso dessa ambição não resiste a um exame mais de perto. Além disso, os autores das grandes obras-primas da literatura vitoriana – Dickens, Thackeray, Eliot, Trollope – escreveram-nas nas condições de *pulp fiction*, como folhetins, capítulos seriados que nem teriam continuidade se os números anteriores não vendessem (Sutherland 1976).

Uma relação direta entre qualidade e tempo dispendido pode, de fato, ser empiricamente falsa. Os professores de pintura incentivam os estudantes a não exagerar num quadro, continuando a pôr tinta na tela até que uma ideia inicialmente boa fique soterrada embaixo de uma mixórdia enlameada.

Os escritores podem mexer tanto num texto, no maior alvoroço em torno dos adjetivos e da ordem das palavras, que os leitores vão reagir mais ao esforço de burilamento do que às ideias que deveriam ser transmitidas. Mais trabalho não significa necessariamente um produto melhor. Pelo contrário, quanto mais pensamos na redação, mais somos capazes de introduzir considerações descabidas e qualificações inadequadas, de insistir em fazer conexões que não precisam ser feitas – até soterrarmos o pensamento sob uma ornamentação bizantina. Em "quanto mais, melhor" não há mais verdade do que em "quanto menos, melhor". Sim, a redação requer reelaboração e reflexão. Mas até que ponto? Deve-se buscar a resposta em termos pragmáticos, não em atitudes predeterminadas.

Outra suposição correlata, cujas bases puritanas são evidentes, é a de que você deve se esforçar muito ao escrever, e isso se faz dedicando muitas horas ao trabalho. Mesmo que você não chegue a escrever de fato, deve pelo menos sentar à mesa e tentar. E sofrer, se não conseguir escrever. Esse calvinismo pode derivar da formação escolar, com professores que insistem que você aparente estar trabalhando, mesmo que não consiga fazer nada, para que pelo menos não se entretenha fazendo outra coisa quando devia estar produzindo algo. Os escritores que seguem fielmente essa prescrição ganham dor nas costas de tanto ficar olhando o vazio, sentados numa cadeira desconfortável, tentando imaginar o que dizer ou como melhorar o que disseram. Mas ficar olhando o vazio, na verdade, não faz parecer que a pessoa esteja trabalhando, e mesmo o autor improdutivo finalmente entende que não funciona.

As descrições clássicas dos problemas de redação costumam incluir uma comovente descrição da folha em branco suplicando tinta, enquanto o autor diante dela fica paralisado de ansiedade. Todas as palavras parecem erradas. E não só erradas, mas também perigosas. No Capítulo 6, Pamela Richards examinou o medo das reações potencialmente perigosas de seus colegas, dos superiores e de si mesma, medo este produzido pela organização da vida acadêmica. (Conheci um sujeito que não tirava o pijama enquanto não considerasse que a primeira página de um artigo estava perfeita. Muitas vezes gastava cem folhas de papel tentando acertar a primeira frase, e no fim teve de renunciar a essa prática, ao se ver ainda de pijama na hora do jantar.)

Outro tipo de ansiedade que merece exame foi mencionado no Capítulo 1. Ainda me aflige. Os acadêmicos sabem que os temas de seus textos envolvem tantas coisas a ser levadas em consideração, tantas conexões entre tantos elementos, tanto de tudo, que parece inconcebível dar uma ordem racional ao conjunto. Mas é esta a nossa tarefa: dispor as ideias numa ordem racional para que outra pessoa consiga entendê-las. Temos de lidar com esse problema em dois níveis. Temos de dispor as ideias numa teoria ou numa narrativa, descrever as causas e condições que levam aos efeitos que queremos explicar, e numa ordem que seja correta em termos lógicos e empíricos (se estivermos escrevendo algo baseado em pesquisas empíricas). Correta em termos lógicos significa não cometermos nenhuma das famosas falácias do raciocínio incorreto (Fischer 1970 cita casos de historiadores cometendo todas elas). Correta em termos empíricos significa que a ordem que descrevemos deve ser a mesma ordem que as coisas realmente têm na natureza, até onde sabemos. Por fim, queremos que nossa prosa deixe clara a ordem que construímos. Não queremos que o entendimento de nossos leitores seja prejudicado por imperfeições em nossa prosa.

Essas duas tarefas convergem e são indissociáveis. Eu não devia dizer isso com tanta tranquilidade. Provavelmente é possível esboçar e construir um argumento em alguma outra linguagem que não seja verbal. A matemática e os gráficos são duas alternativas que permitem afirmações precisas, e alguém poderia desenvolver uma teoria usando uma delas e dispensando as palavras. Seja como for, para pôr as ideias em ordem lógica é preciso um olhar atento aos argumentos falaciosos. Alguém pode aprender a localizar tais erros. Mais assustador é tentar descrever a ordem empírica com precisão. Sabemos que é impossível descrever tudo. De fato, um dos objetivos da ciência e dos estudos acadêmicos é precisamente reduzir o que tem de ser descrito a proporções exequíveis. Mas o que deixar de fora? E onde pôr o que mantemos? O mundo empírico pode ser ordenado, mas nunca de alguma maneira simples que anuncie quais os tópicos que vêm em primeiro lugar. É por isso que as pessoas ficam olhando a folha em branco e reescrevem as primeiras frases centenas de vezes. Querem que esses exercícios místicos tragam à tona a Única Maneira Certa de organizar todo aquele material.

Bom, e se você *não* organizar de maneira adequada? Vimos esse problema no Capítulo 3. Mas e se, o que é muito pior, sabendo que qualquer organização da realidade que você faça provavelmente estará incorreta de alguma maneira, você simplesmente não conseguir organização nenhuma? Esta é a causa mais profunda da ansiedade que aflige os escritores ao começar. E se não conseguirmos, *simplesmente não conseguirmos*, extrair alguma ordem daquele caos? Não sei quanto aos outros, mas eu, quando começo um novo artigo, tenho os sintomas físicos clássicos da ansiedade: tonturas, peso na boca do estômago, calafrios, às vezes até suores frios. As duas possibilidades, uma tão ruim quanto a outra – a de que o mundo não tenha nenhuma ordem real ou, se tem, que eu não consiga encontrá-la, nem agora nem nunca –, são filosoficamente, quase religiosamente, assustadoras. O mundo pode ser um caos sem sentido, mas é uma posição filosófica com a qual não é muito fácil conviver. E essa possibilidade fica bem palpável quando não se consegue conceber a primeira frase de um texto.

Tenho algum remédio para a doença que descrevi? Sim e não. Muitas outras atividades, em especial os esportes, geram medos paralisantes que impedem as pessoas de começar. O conselho dos especialistas nessas áreas é sempre o mesmo. Relaxe e *faça*! Você não conseguirá vencer o medo se não fizer a coisa que o atemoriza, e só então descobrirá que não era tão perigosa quanto você imaginava. Assim, a solução para escrever algo que não vai dominar o caos plenamente, de modo lógico e exaustivo, é escrever mesmo assim e, ao terminar, descobrir que o mundo não se acabou. Uma maneira de fazer isso é iludir a si mesmo e se forçar a pensar que o que você está escrevendo não tem importância e não faz diferença nenhuma – uma carta para um velho amigo, talvez. Eu sei como iludir a mim mesmo, mas não sei como os outros podem fazer. Então meu conselho para por aqui. A única maneira de começar a nadar é entrando na água.

8. Apavorado com a bibliografia

COMO EU DISSE ANTES, muitas vezes os estudantes (e outros) falam em "usar" esta ou aquela abordagem – "acho que vou usar Durkheim" –, como se pudessem selecionar livremente as teorias. Na verdade, quando começam a escrever sobre suas pesquisas, já fizeram muitas escolhas de detalhes, que na hora pareciam de pouca importância, mas que estreitavam suas escolhas teóricas. Decidiram as questões que iriam investigar. Elegeram uma maneira de coletar informações. Optaram entre várias pequenas alternativas de técnicas e procedimentos: quem entrevistar, como codificar os dados, quando parar. Conforme faziam essas escolhas dia após dia, aumentaram gradualmente seu compromisso com uma determinada maneira de pensar, respondendo de modo mais ou menos seguro às perguntas teóricas que, pensavam eles, ainda estariam à sua disposição.

Mas os cientistas sociais e sobretudo os estudantes de ciências sociais ficam agitados na hora de escolher uma teoria por uma razão prática. Precisam – pelo menos pensam que precisam – lidar com a "bibliografia" sobre o tema. Os acadêmicos aprendem a ter medo da bibliografia na pós-graduação. Lembro o professor Louis Wirth, um dos ilustres membros da escola de Chicago, pondo Erving Goffman, então colega meu na pós-graduação, em seu lugar com o lance da bibliografia. Foi exatamente o que todos nós temíamos. Achando que Wirth não tinha dado atenção suficiente a algumas ideias importantes sobre o operacionalismo, Goffman o contestou em classe, fazendo citações do livro de Percy Bridgeman sobre o tema. Wirth sorriu e perguntou sadicamente: "Em qual edição, sr. Goffman?" Talvez houvesse alguma diferença significativa entre as edições, embora nenhum de nós acreditasse nisso. O que pensamos foi que era melhor ter cuidado com a bibliografia ou Eles Poderiam Te Pegar. O "Eles" incluía não só os professores, mas também os colegas, que poderiam aproveitar a brecha e mostrar a nossas custas como conheciam bem a bibliografia.

Os estudantes aprendem que precisam dizer alguma coisa sobre todas as pessoas que discutiram antes o problema "deles". Ninguém quer descobrir que sua ideia cuidadosamente alimentada já estava impressa antes que pensassem nela (talvez antes mesmo que nascessem) e num local que deviam ter visto. (Wirth também nos disse que a originalidade é fruto de uma memória falha.) Os estudantes querem mostrar ao mundo, e a todos os críticos que podem estar lá à espera deles, que verificaram e viram que ninguém teve aquela ideia antes.

Uma boa maneira de provar sua originalidade é vincular sua ideia a uma tradição cuja bibliografia já foi explorada. Engatar seu trabalho num nome acadêmico bem-explorado ajuda a garantir que seu argumento não esteja refazendo algo que já foi feito. Se você "usar" Weber, Durkheim, Marx ou Mead, os exegetas já vieram antes, preparando o terreno, especificando quais são realmente as questões, definindo qual trabalho de quem é importante considerar – e, em geral, fornecendo uma maneira infalível de lidar com a bibliografia: "Veja a revisão bibliográfica exaustiva de Chaim Yankel (1993) nessa área." Essa proteção ritual realmente dá cobertura ao autor, mas não é tão eficiente para produzir estudos bons ou interessantes. As razões, interessantes por si sós, iluminam por igual as bases institucionais da criatividade e da banalidade.

Os escritores, claro, deveriam usar a bibliografia pertinente de maneira adequada. Stinchcombe (1982) apontou seis usos principais. (Espero que meu resumo de seu artigo exemplifique o que, adiante, descreverei como bom uso da bibliografia e forneça a você um argumento já pronto que lhe será necessário.) Embora Stinchcombe escreva sobre a categoria mais restrita dos "clássicos", o que ele tem a dizer também se aplica a nosso problema "da bibliografia".

Dois dos seis usos apontados por Stinchcombe estão relacionados com fases iniciais da pesquisa e não se aplicam tanto ao problema da redação. Como fonte de ideias fundamentais, os clássicos são muito importantes nas fases iniciais de um projeto; mas, quando você começa a escrever, suas ideias fundamentais já devem estar claras. Claras ou não, você já as tem e, bem ou mal, elas moldaram seu trabalho. A segunda função dos clássicos, como uma "ciência normal subaproveitada", como fonte de hipóteses empíricas, de sugestões e intuições, é igualmente fundamental nas etapas pré-redação. Stinchcombe também menciona uma função organizativa dos clássicos: indicar a solidariedade entre pessoas dentro de uma mesma área. "É o fato de que todos nós lemos esses clássicos ou, pelo menos, respondemos a perguntas sobre eles nos exames preliminares que nos une numa comunidade intelectual." Ele se preocupa com essa função, pensando que ela nos leva a admirar trabalhos que o tempo mostrou que estavam errados (como, diz ele, Whitney Pope mostrou que Durkheim estava errado sobre o suicídio): "O que há de prejudicial na admiração dos clássicos, portanto, é o efeito da aura, a crença de que um livro ou artigo, sendo útil para uma determinada finalidade, há de conter todas as virtudes."

Outros três usos importantes dos clássicos têm relação direta com a redação do trabalho. Uma obra clássica da área serve como pedra de toque: "um exemplo concreto das virtudes que um trabalho científico pode ter, numa combinação que mostra como um trabalho deve ser para contribuir para a disciplina". Como diz Stinchcombe, foi isso o que Thomas Kuhn quis dizer ao usar um termo *paradigma* no sentido de modelo exemplar. As virtudes que Stinchcombe comenta não são as que você poderia esperar:

[A] ciência de primeira categoria funciona com critérios estéticos, além dos critérios lógicos e empíricos. Esses critérios não são defensáveis pelas filosofias da ciência positivistas, marxistas ou interacionistas simbólicas... [S]e gravarmos os exemplos de excelência em nossa mente como manifestações concretas de princípios estéticos que queremos respeitar em nosso trabalho e usar como pedras de toque para filtrar o que eliminaremos e o que manteremos, podemos muito bem conseguir trabalhar num nível mais elevado do que conseguimos ensinar. Pois trabalhamos segundo os critérios embutidos na pedra de toque, critérios que não somos capazes de formular, mas conseguimos perceber ao usá-los como termos de uma comparação: esse trabalho é tão bom quanto Simmel?

Stinchcombe aqui descreve o que eu quis dizer quando, mais acima, falei em editar de ouvido. Se ele está certo e esses critérios estéticos não podem ser justificados "cientificamente", segue-se que não há sentido em tentar encontrar a Única Maneira Certa de escrever o que você tem a dizer. Mas imitar um trabalho bem-feito (principalmente seu formato ou organização) é uma ótima forma de encontrar as maneiras certas possíveis.

Os clássicos também servem como "tarefas de desenvolvimento para os iniciantes", mostrando-lhes como as coisas são muito mais complicadas do que eles pensavam e elevando-os ao nível de sofisticação corrente em sua área. Geralmente é essa função que as pessoas têm em mente, quando falam sobre as vantagens de estudar para os exames de qualificação. Provavelmente ela contribui para o modo irracional de enxergar a bibliografia e para o enfadonho ritualismo das revisões bibliográficas que enfeitam tantos trabalhos acadêmicos.

Stinchcombe designa um último uso dos clássicos como "pequena mudança intelectual". Você cita Weber, Durkheim ou Yankel (tal como usa o vocabulário codificado de uma determinada escola) para mostrar a que linha você se filia. Para isso, precisa usar nomes bastante conhecidos:

> Imagine se nossos crachás para a convenção [ele se refere ao encontro anual da Associação Americana de Sociologia] trouxessem nossos nomes, nossas instituições e nosso autor clássico favorito. O meu traria: "Stinchcombe, Universidade do Arizona, Max Weber". Agora suponha, num lance de preciosismo, que eu escreva: "Stinchcombe, Universidade do Arizona, Paul Veyne". Ele é no momento a pessoa que mais me entusiasma intelectualmente e encarna as mesmas virtudes de Max Weber. Mas mais de 90% das pessoas que eu encontrasse não iam saber do que eu estava

falando, e assim não saberiam nada sobre o conjunto de intuições e pressupostos aos quais eu estaria declarando minha lealdade. ... [Mas] o uso dos clássicos como crachás de identificação tende a criar seitas em vez de comunidades intelectuais abertas. Os crachás tendem a se tornar fronteiras em vez de guias.

A revisão bibliográfica convencional fornece indicações quanto à linha adotada pelo autor, mas, se esta fosse sua principal finalidade, os autores seriam mais sucintos e menos obsessivos.

Os clássicos não são sinônimo de "a bibliografia". Os cientistas sociais se preocupam com os clássicos, mas também se preocupam com a bibliografia crítica e metodológica, com as pesquisas expondo descobertas específicas sobre o tema e os debates sobre essas descobertas, e se sentem responsáveis por tudo isso (assim como os estudantes sabem quando são "responsáveis" pela matéria num exame).

Nenhuma dessas maneiras de usar a bibliografia é ruim em si, mas nenhuma delas responde à pergunta de como usar a bibliografia referente ao tema de sua pesquisa.

A ciência e o conhecimento no campo das humanidades são empreendimentos cumulativos, tanto na prática quanto na teoria. Ninguém parte do zero quando se senta para escrever. Dependemos de nossos predecessores. Não conseguiríamos fazer nosso trabalho se não usássemos seus métodos, seus resultados e suas ideias. Poucos se interessariam em nossos resultados se não indicássemos alguma relação entre nosso trabalho e as coisas que outros disseram e fizeram antes de nós. Kuhn (1962) apresentou essa mútua dependência e essa cumulatividade como "ciência normal". Muitos cientistas sociais usam a expressão "ciência normal" em sentido pejorativo, como se significasse "ciência *meramente* normal" e como se todos nós fôssemos capazes de criar revoluções científicas a cada dia. Esta é uma leitura totalmente equivocada de Kuhn, e também uma bobagem. Os cientistas não fazem revoluções científicas sozinhos. Essas revoluções levam muito tempo. São grandes números de pessoas, trabalhando juntas, que desenvolvem uma nova maneira de formular e investigar os problemas em que estão interessadas, maneira esta que encontra abrigo em instituições científicas duradouras. É um desatino imaginar que o relatório sobre seu projeto realizará algo que demanda esse tempo todo e o trabalho dessas pessoas todas. Tudo bem sonhar com o infinito, mas deveríamos levar a sério o que é humanamente possível. Se nosso objetivo principal é fazer individualmente uma revolução na ciência ou no conhecimento, estamos fadados ao fracasso. Melhor se dedicar aos objetivos da ciência normal: fazer um bom trabalho que outros possam usar e, assim, aumentar o conhecimento e a compreensão. Já que podemos alcançar essas coisas em nossas pesquisas e textos, não nos condenemos ao fracasso visando ao impossível.

Um estudioso pode tentar trabalhar isolado e sem o auxílio dos outros, como os chamados artistas primitivos, que fazem pinturas e construções sem recorrer a nenhuma tradição do meio em que trabalham. Estes artistas costumam produzir trabalhos extremamente excêntricos, mas que também estão livres das restrições impostas pelas maneiras usuais de trabalhar. Essa liberdade diante das restrições organizacionais às vezes permite que os artistas primitivos produzam obras que despertam o respeito de um mundo artístico estabelecido e, às vezes, até podem ser absorvidas dentro da tradição do mundo da arte. A dialética entre restrição e oportunidade, ilustrada pelo artista primitivo, afeta todos nós ao escrevermos nossas teses, artigos e livros. Essa dialética sugere duas perguntas: como podemos usar a bibliografia de uma maneira eficiente? Como a bibliografia nos estorva e nos impede de fazer o nosso melhor?

Existem maneiras eficientes de usar a bibliografia? Claro. Para começar, os acadêmicos precisam dizer algo de novo, ligando o que dizem ao que já foi dito, e isso precisa ser feito de uma maneira que as pessoas entendam qual é o ponto importante. Precisam dizer algo que traga pelo menos um mínimo de novidade. Embora as ciências empíricas se declarem fiéis à ideia de repetição dos resultados, não é isso que buscam. Ao mesmo tempo, quando você se aproxima de uma originalidade total, a quantidade de pessoas que vão se interessar será cada vez menor. Todos estão interessados nos temas que as pessoas estudam e desenvolvem há anos, tanto porque os temas são de grande pertinência geral e constante (por que as pessoas se suicidam?), quanto porque vêm sendo estudados faz tanto tempo que criaram o tipo de quebra-cabeça científico que Kuhn (1962) identificou como ciência normal (tem-se um exemplo disso na bibliografia referente à teoria do suicídio de Durkheim). A contribuição acadêmica ideal é a que faz os leitores exclamarem: "Isso é interessante!" Como me sugeriu Michael Schudson, é exatamente assim que os estudantes devem aprender a ligar seus trabalhos à bibliografia, a situar seus resultados no contexto das teorias aceitas onde antes pareciam improváveis (ver Davis 1971 e Polya 1954).

Comentei mais acima que utilizo o artigo de Stinchcombe para exemplificar o que julgo ser uma maneira melhor de usar o que outros fizeram. Eis o que quero dizer. Imagine que você está fazendo um projeto de carpintaria, talvez construindo uma mesa. Já fez o desenho e cortou algumas partes. Ainda bem, não precisa fazer sozinho todas as partes da mesa. Algumas têm formatos e tamanhos padronizados – 60 × 120 cm, digamos – disponíveis em qualquer madeireira. Outras já foram projetadas e feitas por outras pessoas – pernas torneadas e puxadores de gaveta. Você só precisa encaixá-las nos lugares que reservou para elas, sabendo que estavam disponíveis no mercado. Esta é a melhor maneira de usar a bibliografia. Você quer construir um argumento, não uma mesa. Uma parte do argumento você mesmo criou, talvez se baseando em novos dados ou informações que coletou. Mas não precisa inventar a coisa inteira. Outras pessoas já trabalharam em seu problema ou em problemas relacionados com ele e construíram algumas das peças que lhe são necessárias. Você só precisa encaixá-las no lugar certo. Como o carpinteiro, você deixa espaço, ao montar sua parte pessoal do argumento, para as outras partes que sabe que pode conseguir já prontas. Ou seja, é o que você faz *se* souber que elas estão disponíveis para uso. E esta é uma das boas razões para conhecer a bibliografia: saber quais peças estão disponíveis e não perder tempo fazendo o que já foi feito.

Eis um exemplo. Quando eu estava trabalhando na teoria do desvio [que acabou saindo em *Outsiders* (1963)], eu queria sustentar que, quando os outros rotulavam alguém como desviante, essa identificação muitas vezes se tornava a coisa mais importante na pessoa rotulada. Eu podia elaborar uma teoria para explicar como isso acontecia, mas não precisei. Everett Hughes (1971, p.141-50) já desenvolvera uma teoria descrevendo como os status criam uma aura de "características de status auxiliares", de modo que, por exemplo, esperamos que um padre católico americano seja "irlandês, atlético e um bom sujeito que tem dificuldade em refrear as imprecações em presença do mal e pode dar um soco na cara de alguém se a obra do Senhor assim o exigir". Ou, para pegar um exemplo mais sério, embora a única coisa necessária para exercer a medicina seja uma autorização oficial, normalmente esperamos que os médicos sejam homens brancos protestantes de velha cepa americana. Hughes sentia especial interesse pela interseção de raça e posição profissional e, ao desenvolver seu argumento, fez a seguinte observação:

> O pertencimento à raça negra, como é definida pela lei ou pelos costumes americanos, pode ser chamado de *traço principal determinante do status*. Tende a prevalecer, na maioria das situações cruciais, sobre qualquer outra característica que possa correr em sentido contrário. Mas a posição profissional também é uma característica forte – mais nas relações específicas do exercício profissional, menos no intercurso geral das pessoas. (p.147, grifo meu)

A ideia de um traço principal determinante do status, que toma precedência na identificação social da pessoa, era apenas uma observação lateral no artigo de Hughes. Se eu fosse escrever um artigo chamado "O pensamento sociológico de Everett C. Hughes", não dedicaria muito tempo a ela. Mas, ao elaborar minha teoria, eu quis explorar precisamente como uma característica desonrosa de status, por exemplo, a dependência de drogas, podia prejudicar outros status respeitáveis – gênio, padre, médico, o que fosse – que talvez fossem tidos como capazes de neutralizá-la. Hughes queria falar como o status de negro prevalecia sobre o status de médico. Eu queria falar como o status de viciado prevalecia sobre o status de filho ou marido, de modo que os pais ou o cônjuge trancafiavam as joias e pratarias da casa quando o querido toxicômano da família chegasse para jantar. Eu queria falar sobre o que dizia um personagem em *A cidade de quatro portas*, de Doris Lessing, ao comentar que não se importava em ser tomada como esquizofrênica, mas não gostava que as pessoas achassem que era *só isso* o que ela era.

A linguagem de Hughes se encaixa perfeitamente em meu caso. Não precisei inventar o conceito; ele o inventara para mim. Assim, em vez de criar mais um novo termo sociológico desnecessário, citei Hughes e fui em frente, para utilizar sua ideia mais a fundo do que ele tinha feito no artigo de onde a tirei. Da mesma forma, não precisei levantar os vários usos dos clássicos. Stinchcombe levantara. Precisei apenas citar e resumir.

Essa maneira de trabalhar é plagiar ou não ser original? Não creio, embora o medo de tais rotulações leve muita gente a tentativas desesperadas de pensar novos conceitos. Se preciso da ideia para a mesa que estou construindo, vou pegá-la. A mesa continua a ser minha, mesmo que algumas partes sejam pré-fabricadas.

Na verdade, estou tão acostumado a trabalhar assim que vivo reunindo essas partes pré-fabricadas para usar em futuros argumentos. Grande parte de minhas leituras se rege pela busca desses módulos de grande utilidade. Às vezes sei que preciso de uma parte teórica específica e até faço ideia de onde posso encontrá-la (muitas vezes graças à minha formação teórica na pós-graduação, para fazer um elogio a algo que tantas vezes pareço estar depreciando). Quando escrevi minha tese sobre os professores do ensino público de Chicago, encontrei módulos que me eram necessários nos textos de sociólogos clássicos como Georg Simmel e Max Weber. Ao discutir como os professores esperavam que os diretores das escolas ficassem do seu lado em qualquer altercação com um aluno, quaisquer que fossem os fatos da ocorrência, encontrei uma descrição geral da classe a que pertencia esse fenômeno no ensaio de Simmel sobre superioridade e subordinação: "A posição do subordinado em relação a seu superior é favorável se este último, por sua vez, está subordinado a uma autoridade ainda mais acima, na qual aquele primeiro encontra apoio" (Simmel 1950, p.235). Eu também queria argumentar que o desejo do pessoal da escola em manter os pais e o público em geral afastados dos assuntos escolares era um caso específico de um fenômeno importante em todos os tipos de organizações. Encontrei esse módulo em Max Weber: "A administração burocrática sempre tende a ser uma administração de 'sessões secretas'; até onde lhe é possível, ela oculta seu saber e sua ação a críticas. ... [A] tendência ao sigilo em certos campos administrativos segue sua natureza material: em todos os lugares onde os interesses de poder da estrutura dominante em relação *ao exterior* estão em jogo ... encontramos o sigilo" (Gerth e Mills 1946, p.233).

Por outro lado, eu não sabia que precisava do módulo seguinte até o momento em que o encontrei, e aí não pude passar sem ele. Não veio de nenhum dos clássicos convencionalmente consagrados, embora o trabalho onde ele se encontra seja excelente e muito elegante. Willard Waller ajudou a mim e a meus leitores a entender por que as escolas tinham um problema de disciplina, dizendo: "Professor e aluno se confrontam na escola com um conflito originário de desejos, e, por mais que esse conflito possa ser reduzido em volume ou por mais que possa ser ocultado, ainda assim permanece" (Waller 1932, p.197).

Também reúno módulos sem propósito no momento, mas para os quais minha intuição me diz que alguma hora encontrarei uso. Eis algumas ideias que compilei recentemente, na expectativa de encontrar algum dia um lugar para elas em minhas reflexões e meus escritos: a ideia de Raymonde Moulin (1967) de que, nas obras de arte, o valor estético e o valor econômico estão tão intimamente relacionados que chegam a ser a mesma coisa, e a ideia de Bruno Latour (1983, 1984) de que as invenções científicas criam novas forças políticas, como o trabalho de Pasteur em microbiologia criou ao introduzir o micróbio como ator social. Posso não usar essas ideias em sua forma original. Posso transformá-las a tal ponto que seus criadores não reconheceriam ou não aprovariam, e interpretá-las de uma maneira que os estudiosos desses pensadores considerariam incorreta. Provavelmente vou usá-las em contextos muito diferentes daqueles em que foram propostas de início, sem dar o devido peso às exegeses teóricas que se empenham em descobrir os significados centrais pretendidos por seus inventores. Mas tenho-as comigo, pronto para utilizá-las quando fizer minhas observações ou começar a escrever. Será mais fácil usá-las, claro, se as tiver em mente durante todo esse tempo. Mas também posso descobrir que já tinha em mente uma ideia parecida, apenas não tão clara, e que Latour, Moulin ou Waller realizaram por mim a árdua tarefa de elucidá-la. Agradeço, reconheço-a como parte do trabalho colaborativo do conhecimento, cito e dou as respectivas referências nos devidos lugares. Meu trabalho pode ficar parecendo uma colcha de retalhos. Quando isso acontece, eu me consolo pensando no exemplo de Walter Benjamin, o homem de letras judeu-alemão cujos métodos Hannah Arendt descreveu da seguinte maneira:

> Desde o ensaio sobre Goethe, as citações estão no centro de todos os trabalhos de Benjamin. Esse próprio fato diferencia seus escritos de todas as outras espécies de trabalhos acadêmicos, onde a função das citações é verificar e documentar opiniões, e por isso podem ser relegadas em segurança para as Notas. ... O trabalho principal [para Benjamin] consistia em destacar fragmentos de seu contexto e compô-los num novo arranjo, de tal forma que se ilustravam mutuamente e eram capazes de provar sua *raison d'être* num estado de livre flutuação, por assim dizer. Era definitivamente uma espécie de montagem surrealista. (Arendt 1969, p.47)

Esse é o lado bom da bibliografia. O lado ruim é que dar demasiada atenção a ela pode deformar o argumento que você quer defender. Suponha que existe uma *verdadeira* bibliografia sobre seu tema, resultado de anos de ciência normal ou do que, por extensão, podemos chamar de conhecimento acadêmico normal. Todos os que trabalham com o tema concordam sobre os tipos de perguntas que devem ser feitas e os tipos de respostas que podem ser aceitas. Se você quiser escrever sobre o tema ou mesmo usar aquele assunto como material para um novo tema, provavelmente terá de lidar com a antiga abordagem, mesmo que a considere totalmente alheia a seus interesses. Se levar demasiado a sério a antiga abordagem, pode deformar o argumento que quer desenvolver, pode distorcê-lo a fim de encaixá-lo dentro da abordagem dominante.

O que entendo por distorcer o argumento é o seguinte. O que você quer dizer tem uma certa lógica que deriva do encadeamento de escolhas que você fez enquanto desenvolvia seu trabalho. Se a lógica de seu argumento é igual à lógica da abordagem dominante daquele tema, você não terá problema nenhum. Mas suponha que não sejam iguais. O que você quer dizer parte de premissas diferentes, levanta questões diferentes, reconhece a adequação de outro tipo de resposta. Quando você tenta cotejar a abordagem dominante com esse material, começa a traduzir seu argumento nos termos daquela abordagem. Seu argumento não fará o mesmo sentido que fazia usando seus próprios termos; vai soar fraco, desconjuntado, *ad hoc*. Não tem como mostrar seu pleno desempenho jogando no campo de um oponente. Mas essa formulação não é apropriada, pois o que se tem não é uma disputa entre abordagens, afinal, e sim a busca de uma boa maneira de entender o mundo. O entendimento que você tenta transmitir perderá sua coerência se for colocado nos termos nascidos de outro entendimento diferente.

Se, por outro lado, você traduzir o argumento dominante em seus próprios termos, não terá um molde adequado, pelas mesmas razões. Quando você transpõe um problema de um tipo de análise para outro, há uma boa probabilidade de que as abordagens sejam incomensuráveis, como sugeriu Kuhn (1962). Na medida em que levantam questões diferentes, as abordagens têm muito pouco a ver uma com a outra. Não há nada para traduzir. Simplesmente estão falando de coisas diferentes.

A bibliografia tem a vantagem da hegemonia ideológica, como às vezes se diz, sobre você. Se são os autores que dominam aquele território, a abordagem deles parece natural e razoável, enquanto a sua abordagem há de parecer estranha e desarrazoada. A ideologia deles controla como os leitores pensam sobre aquele tema. Em decorrência disso, você terá de explicar por que não fez aquelas perguntas e não teve aquelas respostas. Os defensores do argumento dominante não precisam explicar sua incapacidade de olhar as coisas da maneira como você olha. (Latour e Bastide 1983 tratam desse problema na sociologia da ciência.)

Meu trabalho sobre o desvio me ensinou essa lição do jeito difícil. Quando comecei a estudar o uso da maconha em 1951, a pergunta ideologicamente dominante, a única pergunta que valia a pena examinar, era: "Por que as pessoas fazem uma coisa esquisita dessas?", e a maneira ideologicamente preferida de responder a ela era apontar um traço psicológico ou um atributo social que diferenciava as pessoas que usavam maconha das que não usavam. A premissa subjacente era que as pessoas "normais", que não tinham o estigma causal diferenciador que você esperava descobrir, não fariam nada tão excêntrico. Parti de outra premissa: a de que as pessoas "normais" fariam praticamente qualquer coisa se as circunstâncias fossem adequadas. Isso significava que você teria de descobrir quais eram as situações e os processos que levavam as pessoas a mudar de opinião sobre essa atividade e a fazer algo que antes não fariam.

As duas maneiras de investigar o uso de maconha não são totalmente divergentes. É possível fazê-las convergir e foi o que fiz quando publiquei o material em 1953: fiz a convergência. Mostrei que os usuários passavam por um processo de redefinição da experiência com drogas que os levava a encará-las de outra maneira. Sociólogos, psicólogos e outros interessados no uso de drogas consideraram essa resposta interessante. Ela ajudou a desencadear uma batelada de estudos examinando como as pessoas se tornavam tal ou tal tipo de desviante, basicamente tendo como premissa que eram pessoas normais que haviam passado por algumas experiências diferentes. Bom, você pode perguntar: qual o problema com essa estratégia?

O problema, e que só vim a perceber anos depois, é que minha ansiedade em mostrar que essa bibliografia (dominada por psiquiatras e criminologistas) estava errada me levou a ignorar qual era o verdadeiro tema de minha pesquisa. Eu tinha tropeçado numa questão muito mais ampla e mais interessante, que simplesmente ignorei: como as pessoas aprendem a definir suas experiências interiores? Essa pergunta leva a examinar como as pessoas definem todos os tipos de estados interiores, e não apenas as experiências com drogas. Como as pessoas sabem quando estão com fome? Essa pergunta tornou-se bastante interessante para os cientistas que estudam a obesidade. Como as pessoas sabem quando estão com pouco fôlego, ou que os movimentos peristálticos estão normais, ou qualquer outra coisa que os médicos perguntam ao fazer um exame clínico? Essas perguntas interessam aos sociólogos da medicina. Como as pessoas sabem quando estão "loucas"? Olhando para trás, penso que meu estudo teria dado uma contribuição maior se eu o tivesse orientado para essas perguntas. Mas a hegemonia ideológica da maneira estabelecida de estudar as drogas me venceu.

Não sei como as pessoas podem saber quando estão deixando que a bibliografia deforme seus argumentos. É o dilema clássico de estar preso nas categorias do tempo e do espaço em que você se encontra. O que você pode fazer é reconhecer a ideologia dominante (como fiz na época, em relação ao consumo de drogas), localizar seu componente ideológico e tentar encontrar uma posição científica mais neutra em relação ao problema. Você sabe que está no caminho certo quando lhe dizem que está no caminho errado.

Isso é um pouco exagerado, claro. Então tudo o que diverge da abordagem dominante está certo? Não. Mas um estudioso sério deveria ter como hábito examinar outras maneiras de falar sobre o mesmo tema. A sensação de não conseguir formular o que você quer dizer na linguagem que está usando é um alerta de que a bibliografia está pesando demais. Pode levar muito tempo até descobrir que isso aconteceu com você, se é que se chega a descobrir. Só vi meu erro no estudo sobre a maconha quinze anos depois (ver a discussão em Becker 1967 e 1974). Use a bibliografia, não deixe que ela o use.

9. Usando o computador para escrever

Em 1986, dei ao Capítulo 9 deste livro o título de "Desgaste e processador de texto". Abordei a experiência de usar o computador para escrever, coisa que na época era relativamente nova. Havia muita gente fazendo isso e parecia que a coisa ia pegar. Mas havia muitas esperanças e temores irrealistas sobre o assunto. Fui um adepto relativamente "precoce". Alguns sociólogos quantitativos tinham se acostumado a trabalhar com computador ao lidar com grandes volumes de dados numéricos, mas praticamente nenhum cientista social que fazia entrevistas e pesquisas de campo adotara a ferramenta, tão identificada com estilos de trabalho "estatísticos". Tive a sorte de contar com um guru, Andy Gordon, colega no corpo docente da Northwestern, que havia trabalhado com computadores de grande porte na pós-graduação e estava convencido de que o microcomputador iria trazer toda aquela potência ao alcance de todos os que se dispusessem a encarar o trabalho de se familiarizar com ele. Ele me persuadiu, encarei, recebi meu primeiro Apple II e fui fisgado pelo resto da vida. Boa parte do capítulo de 1986 foi escrito quando eu estava entusiasmado com aquela descoberta, e certamente vai parecer estranho aos leitores que cresceram com tais máquinas. Pensei em deixar o texto como documento histórico, com todas as suas referências ultrapassadas a computadores e programas que agora só existem nos museus, como recordação daqueles tempos impetuosos, antes de atualizá-lo.

Desgaste e processadores de texto (1986)

Eu me pergunto por que as pessoas relutam tanto em reescrever. Parece óbvio que, se você não acerta na primeira vez, é fácil consertar depois. Já expus algumas das razões dessa relutância. Mas minha experiência pessoal de usar o computador para escrever (e o que outras pessoas me contaram sobre suas experiências) me mostrou que o mero desgaste físico é outra causa importante dessa relutância. Isso me levou a algumas reflexões, talvez menos baseadas nos fatos da organização social do que os capítulos anteriores, sobre as implicações de escrever como atividade física.

Usei o computador para escrever o artigo que abre este livro. Embora no começo eu tenha ficado um pouco atemorizado com essa primeira experiência, logo achei que dava tão menos trabalho escrever assim que me perguntei como conseguia fazer antes. Não sou o único. Os processadores de texto facilitam a redação para quase todos, tanto os que têm problemas para escrever quanto os que escreviam com facilidade antes de ter um computador (veja Lyman 1984 para um relato baseado na observação sistemática). As pessoas que escondem seus primeiros rascunhos, por medo de virarem motivo de chacota alheia, têm um grande ganho graças à facilidade em apagar o que escrevem. Mas por que os escritores que não se preocupam em virar motivo de piada acham mais fácil usar o computador para escrever? Para mim, é uma questão de desgaste físico.

Pensamos a escrita como atividade mental, conceitual, lidando com ideias e emoções. Isso condiz com a distinção tradicional entre trabalho mental e trabalho físico, entre cabeça e mão. As pessoas que trabalham com o intelecto ganham mais, usam roupas mais limpas e moram em bairros melhores. Em outras palavras, o trabalho intelectual é uma atividade de classe social mais elevada do que o trabalho manual e braçal. Pessoalmente, podemos não acreditar nisso, mas, como outros itens culturais, é algo que "todo mundo sabe" e, portanto, assim funciona a sociedade. É inevitável saber que todo mundo pensa assim. Irving Louis Horowitz sintetizou o tema convencional mental/braçal da seguinte maneira:

> Existem tipos de pessoas e suas diferenças de natureza. Alguns nascem para dirigir, outros para serem dirigidos. Ainda que, na teoria, alguém possa subir de dirigido para dirigente, na prática isso é impossível. Quem trabalha com a mente é mais importante do que quem trabalha com sua força física. Ao avaliar a importância das pessoas, é preciso distinguir entre quem consegue conceitualizar e quem não consegue – quem consegue dialetizar e quem não consegue. A base da Academia de Platão não é apenas a condenação da democracia; é também a criação de uma nova classe dirigente baseada num conceito de sabedoria herdada, e esse conceito é tão corrente agora quanto dois mil anos atrás. (Horowitz 1975, p.398-9)

Horowitz também observa que "a luta entre o intelectual e o manual é essencialmente uma forma simbólica de representar a luta de classes. É essencialmente uma divisão entre grandes forças disputando recursos escassos" (p.404).

Ao aceitarmos as distinções entre manual e intelectual, somos levados a ignorar o aspecto físico do escrever. No entanto, o fato de ser uma atividade mental não significa que a escrita se restrinja a isso. Como qualquer outra atividade, ela tem um lado físico, e esse lado afeta a parte do pensamento mais do que costumamos admitir. Alguns, por exemplo, escrevem aos jorros. Eu também, às vezes, sentando à mesa por oito ou dez horas seguidas, despejando vários milhares de palavras numa maratona interrompida apenas pelas refeições, pelo café, pelo telefone e pelo banheiro. Isso nos ensina como é rápida a redação em termos físicos. Você nota isso pela dor nos braços e nas costas e pelos estalos na nuca no dia seguinte.

A concepção convencional da escrita faz uma distinção entre a parte da reflexão, que traz prestígio, e a parte física, que não traz. Na linguagem comum, fazemos essa distinção falando em "escrever" quando nos referimos à prestigiosa parte mental e "datilografar" ou "digitar" quando nos referimos ao ato físico. Pode-se escrever sem digitar. Muitos escrevem dentro da cabeça; não há como digitar dentro da cabeça. Inversamente, pode-se digitar sem reparar no conteúdo do que se está digitando. Joy Charlton (1983) descreveu o caso de uma datilógrafa que podia conversar à vontade sobre um assunto totalmente diferente do material que ia datilografando ao mesmo tempo. A digitação, parafraseando Wittgenstein, é o que sobra da escrita quando você retira a reflexão que geralmente fazemos enquanto compomos o texto a máquina. As pessoas que vivem da escrita, porém, normalmente escrevem e digitam ao mesmo tempo, mas enfatizam a parte prestigiosa do que fazem, dando-lhe o nome de escrita. Eu costumava implicar com amigos acadêmicos chamando de "datilografia" o que fazia ao escrever. ("Você está escrevendo alguma coisa?", "Estou; hoje datilografei seis páginas.") Usava de propósito um termo mais baixo para descrever algo cheio de prestígio. A mesma distinção usual permitia que Truman

Capote insultasse vários colegas escritores, descartando-os como "datilógrafos".

Para maiores indicações sobre a natureza física da escrita, pense no hábito de adotar certos instrumentos de escrita que já comentei. As pessoas que usam lápis, caneta hidrográfica ou máquina de escrever se acostumam à sensação do objeto usado. Sentem-se impotentes se precisam usar um instrumento diferente.

Pense também no papel que a digitação desempenha nos hábitos de escrita das pessoas. Qualquer que seja a preparação dos rascunhos iniciais, depois eles precisam ser datilografados, por você ou por outra pessoa, e geralmente mais de uma vez. A versão final destinada aos leitores sérios não pode ter rasuras, e quem reescreve muito também precisa datilografar as versões intermediárias. Redigitar os próprios manuscritos é uma tarefa enfadonha e cansativa (embora a maioria aproveite para fazer mais correções). Se você passa o trabalho físico para outra pessoa, tem de esperar até devolverem e aí terá de corrigir os lapsos e erros cometidos. Mas precisa que seja redigitado, inclusive por mais outra razão física.

A maioria dos escritores tenta fazer algo caprichado, geralmente sem sucesso. Você consegue enxergar o que está fazendo se a página estiver limpa e bem-datilografada. Dá para ler as frases em seguida e fica fácil imaginar o que um leitor entenderá. A página em boa ordem física faz, como num passe de mágica, com que você sinta que seus pensamentos também têm ordem, graças ao capricho formal. À medida que aumenta o monte com as folhas empilhadas em ordem, ele vai parecendo cada vez mais um artigo ou um livro completo.

Reescrever desfaz essa sua ordem. Você remove algumas coisas, deixando uma linha inteira de XXX sem significado ou um risco raivoso a lápis, em lugar daquele pensamento conciso e expresso com clareza que era sua intenção. Decide que uma reflexão não fica bem naquele lugar onde você pôs e estará melhor em outro. Assim, você recorta a frase e deixa uma lacuna enorme ou um fragmento desconjuntado. Não dá para fazer uma bela pilha organizadinha de lacunas e fragmentos. Então, você cola o recorte no lugar onde agora vai ficar e conserta o fragmento, para que os restos fiquem em ordem na pilha do manuscrito. As folhas ficam cheias de XXX, de lacunas e camadas de papel emendado um no outro. Chega uma hora em que você fica tão incomodado com aquela confusão que datilografa de novo aquela página ou até a droga do texto todo. O que começou tão caprichado agora está tão rabiscado e confuso que nem o autor consegue mais entender as flechas e marcações. Essa confusão, por sua vez, destrói o precário senso de ordem lógica e estética que você queria preservar. (Veja uma descrição semelhante em Zinsser 1983, p.98.)

Muitos escritores incluem a redigitação como parte da rotina ritual que dá sustentação ao trabalho. Se você reescreve tanto quanto eu, um novo manuscrito recém-datilografado leva a outras revisões. Com a página limpa, fica mais fácil ver o que você está dizendo e como pode mudar. A página antiga, repleta de anotações, com a marcação de outras reflexões e outras maneiras de expressá-las, deixa-o confuso. Assim, você redige outra construção no novo manuscrito. Isso acaba levando a mais outra redigitação. Muitos escritores continuam com isso por muito tempo.

Redatilografar exige certo esforço físico, não tanto quanto remover a neve ou pendurar roupas no varal, mas o suficiente para criar certo desgaste, certa inércia. Todo escritor encontra uma frase que demandaria ser reescrita, mas, como não encontra espaço na página para colocar a nova versão, simplesmente deixa por isso mesmo. Recortar e colar é ainda mais trabalhoso. Assim, às vezes os escritores não reescrevem, porque desanimam só de pensar no trabalho físico e mental que isso daria.

Escrever em computador elimina essa inércia. Para entender isso, precisamos ter uma introdução a essas máquinas que não nos intimide. Um microcomputador ou um processador de texto não é uma mera máquina de escrever, embora tenha um teclado e você digite como faria numa máquina datilográfica. ("Você pagou 2 mil dólares por uma máquina de escrever?") Um microcomputador, porém, é diferente de uma máquina de escrever em vários aspectos importantes. Ele não faz um registro permanente do que você digita. Em vez disso, ele grava temporariamente seu texto na "memória" e também mostra numa tela uma parte do que foi gravado. Depois que você aprende os comandos, ele mostra na tela qualquer parte registrada em sua memória.

Como o computador não grava de modo permanente o que você escreve, você sente menos obrigação na hora de digitar. Pressionando algumas teclas, a ideia que saiu mal formulada some da tela como se nunca tivesse existido. Nunca ninguém vai saber a idiotice que você escreveu ou a formulação tosca que você usou. Seu cesto de lixo não fica abarrotado de papéis amassados à vista de seus amigos xeretas, que até podem pegar alguma folha e dar uma olhada. Como nem todo mundo tem esse tipo de medo – eu não tenho, mas alguns amigos meus têm –, a solução desses problemas não é a principal contribuição do computador.

A grande qualidade do computador é vencer o desgaste físico de escrever. Reescrever deixa de ser uma tarefa de riscar uma expressão ou uma frase e escrever outra nova. Em vez disso, você apaga, "deleta" o que não quer e "insere" a substituição. Quando quer trocar um parágrafo de lugar, não precisa recortar e colar numa outra folha. Você "move" para o "armazenamento temporário", retirando-o do lugar anterior, e então o "escreve" no outro lugar. ("Armazenamento temporário" é o nome dado pelo programa que uso – outros programas usam outros nomes, inclusive o "cortar e colar", para a mesma operação.) Se você não gostar do jeito como ficou o novo parágrafo, é só devolver para onde estava. Se decidir mudar uma palavra ou uma expressão, você usa o recurso de "localizar e substituir tudo", disponível na maioria dos programas de processamento de texto, que executam a operação depressa e sem deixar passar nenhuma ocorrência. (Um amigo meu se mostrava bastante cético em relação a meu entusiasmo, até que mencionei "localizar e substituir". Ele havia mudado o nome de um personagem em seu romance, que acabou saindo com uma série de inexplicáveis Johns, que tinham passado despercebidos na hora de trocá-los por Jim.)

Outro recurso de alguns programas que me agrada muito é a "contagem de palavras". Dê o comando e descubra quantas palavras você escreveu. Não sou o único escritor que gosta de se afagar constantemente, calculando (ou de fato contando) quantas palavras já escrevi (2.146 neste capítulo, até aqui, se você estiver curioso). Alguns escritores se impõem uma cota diária. Esse recurso lhe diz quando você alcançou sua cota, sem a chatice física de contar as páginas ou linhas e multiplicar por sua média de palavras.

Tudo isso qualquer adepto de computadores vai lhe dizer e qualquer novo usuário vai tentar convencê-lo. Por que, então, escrever este capítulo?

Nós, os proselitistas, apresentamos o processador de texto como uma coisa idílica. Não é. Os computadores também geram desgaste. A pior coisa (a primeira coisa que os não usuários dizem temer) é "perder" algo que se escreveu. Isso acontece quando "a rede" de uma universidade "cai" e perde tudo o que tinha na memória. Você mesmo pode perder o que acabou de fazer, se não entender direito os comandos da máquina e der alguma ordem que faz o computador apagar o "arquivo" em que estava trabalhando. Os escritores se apegam muito aos mais ínfimos fragmentos de seu texto e, crentes de que jamais conseguirão recuperar aquela maneira perfeita de dizer, encaram essas perdas como tragédias irreparáveis. Provavelmente se sentem assim porque sabem como é precário o controle deles sobre esses pensamentos fugidios. Assim, o prejuízo é real, e ter de se preocupar com tais possibilidades é um preço alto a se pagar pela comodidade de um processador.

As pessoas que escrevem os programas de processamento de texto – as instruções para que o computador faça todas essas coisas maravilhosas – raramente escrevem qualquer outra coisa. Se escrevessem, seriam escritores, não programadores. Então, as instruções que lhe dizem como usar um programa vêm escritas na linguagem da área de programação, e não da área de composição, e muitas vezes os usuários leigos sentem dificuldade em segui-las. O computador diz coisas como

"COMANDO NÃO PERMITIDO" OU "ERRO – SLOT E DRIVE NÃO RESPONDEM". Até se acostumar com essa linguagem, talvez você estranhe um pouco.

Pior ainda, e mais relacionado com nosso tema, algumas coisas que queremos fazer não ficam mais fáceis num processador de texto, e podem ficar até mais difíceis se comparadas com estilete e fita adesiva. Os computadores armazenam o que digitamos em "arquivos" de "discos", e dá um certo trabalhinho transferir materiais de um arquivo para o outro, se descobrirmos um lugar onde aquilo fica melhor, ou salvar o material quando o computador lhe diz que o disco está cheio.

Usando computador, é rápido produzir muitas versões da mesma passagem. Se estivessem em papel, provavelmente você ia esquecê-las dentro de alguma pasta até que, num dia de desespero, achasse que uma delas podia ser a versão mágica certa. Ia reconhecê-la pela aparência. Num computador, não é tão fácil examinar todas as versões de uma passagem salva. A única coisa que poderá ser vista é uma lista de nomes de arquivos, e, logo depois de inventar esses nomes, eles não vão ter muito significado para você. O Apple em que escrevi este livro é clemente e permite nomear os arquivos com até trinta caracteres, o suficiente para que o título seja um pouco mais descritivo. É muito mais difícil saber o que há num arquivo em muitos outros computadores, que dão um limite de oito caracteres. Assim, como contrapartida de escrever com o auxílio do computador, talvez você não consiga especificar bem os arquivos e pode ficar se debatendo na confusão de um monte de versões aparentemente iguais da mesma coisa.

E você precisa aprender todas as palavras que coloquei entre aspas e todos os comandos que mencionei de maneira tão informal. Muitos usuários em potencial dizem o que esperam que um computador faça por eles assim: "Você só precisa apertar uma tecla e ele vai..." Ah, não, não vai! Você precisa de tempo para estudar e dominar aquele vocabulário, e as ideias e modos de olhar o mundo que estão por trás de sua terminologia. Quem haveria de criticá-lo se você não quiser dedicar todo esse tempo? Eu mesmo não teria me empenhado se tivesse algo melhor para fazer. Mas eu tinha acabado de concluir um livro extenso e, assim, dispunha de um algum tempo em mãos: o diabo logo encontrou serventia para elas.

Nenhum proselitista me contou a maior vantagem de escrever num computador: que fica muito mais fácil pensar ao escrever (da maneira descrita pelos psicólogos cognitivos interessados em escrita, que citei em capítulos anteriores). Normalmente, como disse, escrevo um primeiro rascunho numa desordem quase deliberada – qualquer coisa que me venha à cabeça –, esperando descobrir os principais temas que quero trabalhar ao ver o que sai naquele fluxo desimpedido. Costumava continuar escrevendo um segundo rascunho, que reunia aqueles temas numa ordem mais ou menos lógica. Aí – no terceiro rascunho – eu cortava palavras, juntava frases, reformulava o torneio das ideias e, enquanto isso, tinha uma ideia ainda mais clara do que pretendia dizer. Era isso que deixava minhas páginas tão bagunçadas e levava a tanto cortar e colar. Levava meses até chegar a uma versão final.

Agora leva menos tempo. Quando escrevo, começo a ver a estrutura que meu texto está tomando. "Ah, então é isso o que quero dizer!" Em vez de arquivar a ideia para algum futuro uso, volto imediatamente para um lugar adequado e começo a inserir aquela estrutura no que estou escrevendo. Sem recortar, sem colar. É muito mais fácil e por isso me dou a esse trabalho. Não interrompo o fluxo do pensamento para fazer tarefas manuais. Na hora em que imprimo minha primeira "versão bruta", tenho o que, antes do computador, seria minha terceira ou quarta versão.

A mudança em meus hábitos ilustra uma coisa sobre a qual as pessoas que escrevem sobre computadores costumam mentir sistematicamente. Mentir talvez seja uma palavra forte demais, e mistificar também dá a impressão de que a falsa imagem seria mais intencional do que provavelmente é. Mas, de fato, essa falsa imagem dificulta perceber como é realmente trabalhar com computador. Ela esconde uma coisa essencial, qual seja, que, para aproveitar os benefícios de seu computador, você terá de mudar bastante sua maneira de pensar e se tornar um aficionado por computadores como jamais imaginou ou pretendeu ser.

Todos os artigos sobre "Como Comprar um Computador" dão o mesmo conselho. Veja o que você quer fazer com seu computador: escrever cartas ou livros, controlar as contas, fazer previsões orçamentárias, jogar... Então procure o software. Veja quais programas fazem exatamente o que você quer. Então compre o computador que rode esses programas.

O conselho parece sensato. Mas não há como segui-lo, por razões intrínsecas aos computadores e aos nossos motivos para usá-los. O conselho pressupõe que você já sabe exatamente o que quer fazer. Você quer escrever sua tese ou controlar seu talão de cheques. Mas lembre, você já faz essas coisas, usando rotinas razoavelmente satisfatórias sem o computador. O conselho na revista lhe diz que você pode encontrar um programa que lhe permitirá fazer exatamente o que você já está fazendo.

Isso é mentira porque você não vai poder fazer as coisas exatamente da mesma maneira. Se você está acostumado a escrever seus artigos acadêmicos em blocos de papel pautado amarelo com uma caneta hidrográfica verde, é uma pena. Não poderá fazer isso num computador. Se você gosta de fazer seus trabalhos de escola escrevendo em tiras de papel e colando com fita adesiva, também não vai poder fazer isso. Para usar o computador, terá de aprender a fazer de outra maneira aquilo que aquelas outras formas de trabalhar faziam para você.

Mas o que o computador lhe oferece é uma maneira a que você não está acostumado. É claro que você está comprando o computador porque quer escrever (ou controlar o talão de cheques) de uma outra maneira, mais vantajosa. Mas isso significa renunciar às maneiras antigas. Algumas pessoas resistem a isso. Perguntam desconfiadas se poderão reescrever, mas também salvar a versão anterior porque gostam dela, ou se ainda podem manter pastas cheias de pedaços de papel com anotações, ou qualquer outro ritual a que se apegaram. E por que se incomodar com comandos, com uma nova linguagem, com os riscos de perder o que escreveu, se é para fazer apenas o que sempre fez? Dessa maneira você não aproveita as vantagens do computador.

Bom, então você quer fazer alguma coisa nova, e os artigos continuam a mentir, dizendo que você só precisa encontrar o programa que faça aquela coisa nova. Mas você não tem como seguir esse conselho, pois não tem como saber o que quer fazer enquanto não aprender uma nova maneira de trabalhar e começar a pensar como o computador. Quando isso acontecer, não vai mais querer escrever como antes. Vai querer fazer algo que você não sabia que podia ser feito. Vai trabalhar e pensar de outras maneiras que desconhece e que, no começo, vão lhe parecer estranhas. Depois isso se torna uma coisa natural. Toda a novela de William Zinsser para aprender a usar o comando de Delete em seu computador – aprendendo primeiro a apagar letras, depois palavras, e então a usar a função Localizar para apagar todas as ocorrências de uma marcação – descreve bem o fenômeno (Zinsser 1983, p.71-5).

Cada pessoa usa de maneira diferente o que o computador oferece. Eu, por exemplo, aprendi a pensar em módulos, a lidar ainda mais com pequenas unidades de material que posso reunir e separar de várias maneiras, para ver como fica o resultado. Também corrijo muito na tela, pulando a etapa de imprimir uma versão e trabalhar no texto impresso, prática que muitos adotam. Isso me permite examinar cinco ou seis maneiras diferentes de dizer a mesma coisa, antes de me decidir por uma delas. Posso até alinhá-las todas na tela, para comparar.

Talvez não seja uma grande vantagem poder fazer tudo isso. Uma terceira mentira é que o computador vai lhe poupar tempo. Não, não poupa, porque você aprende a pensar como o computador. Você poderia poupar tempo *se* a única coisa que fizesse no computador fosse aquilo que tinha em mente quando o comprou. Sem dúvida conseguirá digitar suas cartas mais rápido, com menos erros, *se* a única coisa que fizer for digitar cartas. Mas aí não estará aproveitando muito o computador. Se for só para digitar um pouco mais rápido algumas cartas sem erro, não compensa o tempo nem o dinheiro. E é aí que você começa a pensar. Quer fazer mais, e algumas coisas se apresentam prontamente. Mas, para fazer essas outras coisas, você vai gastar todo o tempo que poupou na tarefa original, e mais algum.

Quando comecei a me interessar por computadores, minha filha, que tivera aulas de informática na escola, me avisou que eu ia ficar doido. Por quê? Porque gosto de quebra-cabeças, e o computador é uma fonte inesgotável. Sempre é possível imaginar algo que ainda não está disponível, mas que parece o tipo de coisa que um computador conseguiria fazer. Schiacchi (1981) descreve um laboratório cheio de cientistas físicos obstinados que passaram meses tentando que o programa de processamento de textos do computador central formatasse melhor os relatórios. Não tinha nada a ver com o conteúdo dos relatórios, apenas com a maneira como ficavam na página digitada. Eles queriam que o computador fizesse aquilo que qualquer datilógrafo competente faria de olhos fechados. Não sendo especialistas em computação, levaram um bom tempo até resolver o problema e, segundo eles, tiveram de fazê-lo porque precisavam de relatórios "formatados profissionalmente".

Minha bobagem equivalente foi uma maluquice ainda maior. Nasceu da proliferação de equipamentos e programas compatíveis com o Apple que eu usava. Como muitos fabricantes produzem impressoras e cartões de interface de impressora compatíveis com um Apple, bem como programas de processamento de texto que rodam no Apple, não existe nenhum manual de instruções que explique o que você tem de fazer com todas as combinações de equipamentos que queira usar. (Zinsser escapou a essas tentações ficando com a IBM.) Além disso, os Apple têm a fama merecida de poderem criar imagens gráficas. Isso significa que podem criar várias fontes e tipos, além das já presentes em todas as impressoras, e assim a complicação aumenta. Por exemplo, eu queria imprimir o que escrevi com meu processador de texto usando aqueles tipos. Se eu trabalhasse com estudos bíblicos ou com os clássicos, teria algum sentido a vontade ardente de imprimir meu texto em grego e hebraico. Como não conhecia absolutamente nada de grego e meu hebraico se resumia ao que precisei estudar em meus breves preparativos para o bar mitzvah, era apenas a vontade de resolver um quebra-cabeça. Depois de importunar à toa as pessoas que me venderam o processador de texto, finalmente encontrei um anúncio de um programa que imprimiria meus textos em qualquer fonte que eu quisesse. Fiz algumas experiências, aprendi a usar várias funções que não usava antes, consegui que funcionasse e fiquei muito contente. Escrevi cartas a todos os meus amigos usando dez fontes diferentes. Acho que passei pelo menos umas quinze ou vinte horas resolvendo esse problema. Mas, depois que aprendi, já não parecia tão interessante. Decidi que o que eu queria mesmo era imprimir, bem no meio do meu texto, pequenas imagens que eu conseguisse fazer com um programa gráfico. (Meu novo Macintosh facilitou muito esta tarefa; agora preciso encontrar um motivo para fazer isso.) Agora levo menos tempo para escrever, mas gasto o tempo economizado com novos caprichos.

Depois que comecei a pensar como um computador, descobri outras coisas para aprender e fazer que não eram tão frívolas. Os autores de ciências sociais mantêm os dados em várias formas: anotações de leitura, notas de campo, resumos dos resultados, ideias para organizar os materiais, memorandos disso e daquilo. Todo acadêmico precisa de um sistema para organizar toda essa papelada, e os programas de computador chamados de "administradores de arquivo" ou "bases de dados" fazem algo parecido. Infelizmente, os principais usuários das bases de dados são empresas, que usam o programa para manter um registro dos clientes, dos estoques, dos pedidos e das despesas. Já os acadêmicos precisam de algo mais flexível, algo que não seja concebido para gerir uma quantidade enorme de materiais muito semelhantes, não tão talhado para questões financeiras, mais voltado para organizar ideias em andamento do que para classificar listas de correspondência por código postal. Esses programas existem, mas é preciso desencavá-los entre a montanha de materiais concorrentes e ver se consegue usá-los para o que pretende. Fiz isso por conta própria e fiquei contente com o resultado, mas dá para ver que o desenvolvimento de tal sistema será algo que os acadêmicos vão querer fazer por conta própria, gastando um tempo considerável e um grande esforço para conceber alternativas aos hábitos anteriores. (Becker, Gordon e LeBailly 1984 discutem os critérios para lidar com notas de campo e materiais similares em sistemas computadorizados.)

Assim, com um microcomputador, provavelmente você vai sentir que seu trabalho ficou mais fácil, mas não será o mesmo trabalho e talvez você não economize nenhum minuto de seu tempo. E isso sem falar dos jogos!

O que você pode fazer com um computador (2007)

Vinte anos depois, tudo mudou – novas máquinas, novos programas, novas possibilidades. Os usuários de computador, que não são mais novos adeptos que, hesitantes e temerosos, abandonaram a máquina de escrever, cresceram numa nova geração que vê o computador como ferramenta padrão para qualquer coisa relacionada com números e palavras. Os usuários atuais consideram a coisa mais normal do mundo o recurso de copiar-colar, a pesquisa de referências e citações com funções de busca e pela Internet, a eliminação de erros de grafia e digitação com o corretor ortográfico, o envio de artigos em rascunho e versão final para qualquer lugar do mundo por e-mail. Claro!

E, igualmente claro, nada mudou. O computador continua a ser uma máquina assustadora, semi-incompreensível, apesar de todos os esforços de autores técnicos sérios e inteligentes para que pareça algo simples e lógico. A lógica ainda é arbitrária, não é algo que você possa raciocinar e dominar sozinho, os comandos (para nem falar das temidas "mensagens de erro") ainda são misteriosos e insondáveis. Os usuários comuns desconhecem a maioria dos fantásticos recursos alardeados pelos fabricantes, temendo (muitas vezes com razão) provocar sem querer alguma falha fatal e perder trabalhos que querem guardar ciosamente. Assim, embora a última seção agora pareça quase bizarra, boa parte dela, se você mudar alguns nomes, ainda se aplica ao presente.

Mas algumas dessas novidades simplificam a redação nos moldes que recomendei, e surgiram alguns novos perigos. Aqui estão eles. (Desde 2007, ano a ano surgiram novos desenvolvimentos que não examinei aqui, e provavelmente nem sabia deles.)

Ultrapassando os limites físicos do papel

Os computadores nos dispensam do que sabemos fazer com o papel e uma máquina de escrever. O papel cria limitações físicas, dificultando a mudança de trechos de um lado para outro, obrigando os autores ao papel de guardiões de enormes pilhas desorganizadas de notas, citações, reproduções e fotocópias. As máquinas de escrever se limitam a oferecer o pequeno conjunto de símbolos e caracteres alfanuméricos no teclado. Os computadores acabam com tais restrições e nos dão maior liberdade para organizar o que queremos dizer numa forma facilmente acessível.

Armazenamento e busca. Os computadores oferecem modos mais simples e eficientes de fazer o que muitos de nós sempre fizemos: tomar notas aleatórias e desordenadas e armazená-las até descobrirmos como usá-las. Às vezes, as notas são ideias a ser desenvolvidas, às vezes são conjuntos de dados (como as fichas de 7,5 × 12,5 cm que gerações de historiadores vêm usando para anotar as coisas que encontram nos documentos estudados). Não precisam de muita estrutura, porque são a matéria-prima com que o escritor vai criar uma estrutura. É uma virtude que vem acompanhada de um defeito – nem sempre você consegue encontrar aquilo que sabe que está ali em algum lugar naquela pilha de papéis.

Alguns velhos métodos, que se parecem com os de um computador, ajudavam a contornar o problema. Você escolhia "palavras-chave" e marcava as fichas de tal forma que conseguia encontrar todas as que traziam aquela palavra-chave. As fichas com os cantos perfurados serviam exatamente para isso:

> Antigamente, quando estava escrevendo minha tese de doutorado ... eu tinha uma caixa bem grande, cheia de fichas de indexação, cada uma com as notas de algum livro ou artigo que eu tivesse lido. Não eram fichas comuns. Eram avançadíssimas! Para me ajudar a navegar no conjunto de suas associações mútuas, as fichas tinham buraquinhos nas beiradas. Em cada ficha,

usando um furador especial, eu fazia um talho na beirada, com um ou mais orifícios correspondendo a uma "palavra-chave" ou ideia tratada naquele livro ou artigo. Para fazer a "busca" das fichas associada a determinada palavra-chave dentro da caixa, eu enfiava uma agulha de tricô naquele orifício, suspendia e sacudia as fichas. Todas as fichas que caíam da agulha em cima da mesa (ou no chão) continham aquela palavra-chave. Para fazer uma busca E/OU, eu simplesmente repetia o procedimento com as fichas caídas ou as fichas na agulha, respectivamente. (Neuberg 2006)

Inúmeros aplicativos (descritos, entre outras formas, como "administradores de conteúdo") preservam a liberdade da ficha 7,5 × 12,5 sem a limitação do formato. Você escreve num espaço em branco qualquer coisa que escreveria na ficha. Pode vistoriar sua coleção dessas fichas como antigamente, simplesmente folheando os registros. Mas, se não consegue se lembrar de quase nada sobre a ficha que está procurando, ou se lembra talvez de apenas uma palavra, um nome ou uma data, o computador pode procurar para você. O programa, tendo indexado discretamente todas as palavras que você escreveu e registrado as fichas anteriores que você preencheu com tais palavras, obedece a um comando simples para encontrar e enfileirar as fichas para você inspecionar. Pode descartar o que não é necessário, sem se preocupar se vai atrapalhar a ordem em que estão. Pode separar o que encontrou na pilha segundo outros critérios. Também pode incluir com facilidade outros tipos de materiais: gráficos e tabelas, fotografias, vídeos, sons e música (cheiros ainda não), tomando o cuidado de incluir um número de palavras suficiente para que as funções de busca (que ainda não reconhecem elementos não verbais) possam encontrar o que você está procurando. Também pode incluir links para itens que estão em qualquer outra parte de seu computador ou na Internet.

Os aficionados reconhecerão que todos esses programas são versões de uma base de dados em formato de fichas simples; de fato, os programas de base de dados podem atender às mesmas finalidades; apenas não parecem tão amigáveis. (Ver Becker, Gordon e LeBailly 1984.) Aqui há uma troca. Alguns programas são concebidos para atender apenas a um conjunto específico de exigências definidas. Outros, mais abertos, podem fazer muitas coisas diferentes que a pessoa queira, com um amplo leque de possibilidades. O programa clássico "cheio de possibilidades" é a planilha, um conjunto de células contendo números ou fórmulas. É isso. Ele vai fazer tudo o que você quiser com aquela fórmula. As versões iniciais eram projetadas para cálculos financeiros, mas a lógica de fundo foi adaptada para muitos outros usos, alguns inesperados.

Se você conseguir encontrar o programa para gerir toda a sua coleção de dados verbais, numéricos, gráficos e sonoros do jeito que você quer, terá toda a liberdade. Se não conseguir, ainda pode adaptar um dos programas mais genéricos a suas necessidades, mas aí vai precisar aprender sobre programação, talvez mais do que gostaria.

Desenhos. O papel não nos limita tanto quanto pensamos. Em geral as pessoas pensam que é preciso fazer as anotações e arrolar as ideias numa ordem linear, começando no alto da página e depois descendo, mas existem outras possibilidades. Uma vez, eu me sentei ao lado de um estudante de pós-graduação que também era cartunista, e fiquei surpreso ao ver como suas anotações da palestra a que estávamos assistindo iam se aglomerando no papel. Ele escreveu o título da palestra no centro de uma folha de seu grande bloco de desenhos e aí foi anotando as ideias em vários outros lugares da página, traçando linhas aqui e ali, indicando as conexões, nada lineares, que faziam sentido para ele.

Aquilo me deu, e ainda me dá, uma sensação de grande liberdade, e isso fica fácil de fazer com alguns aplicativos que não exigem nenhuma habilidade artística. Você põe na tela, onde quiser, vários gráficos de diversos formatos (quadrados, circulares, ovais, às vezes em formatos que você mesmo inventa) e em diversas cores, e usa um título curto para identificar as pessoas, as posições ou as etapas do processo que eles representam. Uma linha cheia pode indicar uma conexão temporal: X vem antes de Y e leva a Z. Uma linha tracejada pode indicar uma relação causal: X causa Y e é causado por Z. As linhas podem indicar relações de parentesco ou funções organizacionais – qualquer coisa que você queira ou precise. Tudo isso é transmitido numa linguagem visual que se capta rapidamente e facilita as descrições mais complicadas. (Um bom exemplo é o gráfico dos processos de estabilização do desvio à p.94 no Capítulo 3.) Quando você clica nas formas, pode aparecer um texto explicativo. O formato do desenho pode comunicar o que você quiser, mesmo que você seja o único capaz de entender. É sua ferramenta de trabalho, e muitos podem considerá-la uma boa maneira de pensar. Você também pode usá-la para expor suas ideias a terceiros – é como uma versão do velho quadro-negro.

Planejadores [outliners]. Eu nunca fazia um plano geral do que ia dizer antes de escrever, o que é sensato, em vista de minha insistência em usar a escrita para descobrir o que penso. Não tem como fazer um plano geral sem estabelecer fisicamente, na superfície de escrita, qual será a estrutura do texto, que nunca sei qual é antes de começar. Escrever livremente é que me diz o que eu penso.

Então descobri os softwares de planejamento, um tipo de aplicativo que ajuda a organizar o que você está escrevendo numa forma hierárquica provisória: você vai criando tópicos, escrevendo textos, arranjando e rearranjando os tópicos, mudando a importância e as conexões deles, mexendo à vontade nessa confusão toda, como peças de um quebra-cabeça, até encontrar uma maneira em que todos se encaixem. Você tem todas as vantagens de um plano geral, mas nem de longe é algo permanente no papel. Só parece.

Para minha geração, "cortar e colar" não era metáfora, era a coisa física mesmo. A única diferença era que eu usava durex. Não precisava usar o tipo de cola com que eu me melava inteiro na escola primária, mas podia juntar com fita adesiva os trechos recortados de uma versão datilografada anterior, criando enormes esculturas de papel que depois tinha de redatilografar ou (depois de virar pesquisador e então professor, com pessoas que faziam isso para mim) receber o material redatilografado e recomeçar tudo de novo. Depois de muitas repetições, eu encontrava a estrutura adequada àquilo que, finalmente, eu descobrira que queria dizer, encerrava essa fase e estava pronto para o copidesque detalhado que descrevi no Capítulo 4.

Os softwares de planejamento do computador tornaram antiquado esse método maçante e demorado. No primeiro tipo de planejador que usei, você criava "tópicos", frases ou expressões anunciando o texto que esperava redigir sobre aquilo; escrevia o texto explicativo e desenvolvia o texto sugerido pelo tópico recém-criado; e, mais importante, mudava os tópicos de lugar com o mouse. Podia também escrever primeiro o texto e depois criar o tópico correspondente. Colocava o novo tópico abaixo, acima ou no mesmo nível do tópico anterior, simplesmente movendo-o para aquele lugar na tela. Fazendo isso constantemente, dava para ajustar e reajustar a estrutura lógica implícita no plano geral, adequando a estrutura ao texto de acompanhamento ou adequando o texto à lógica – sem cortar e colar nada, nem mesmo como metáfora digital daquele velho sistema.

Dito assim, não parece grande coisa. Quer dizer, e daí? Mas esse procedimento se liga ao modo de trabalhar que recomendei no Capítulo 3 e continuo a recomendar. Agora minha rotina é começar a escrever num software de planejamento, alinhavando o que me vem à cabeça. Posso escrever (o exemplo vem de minha atual pesquisa com Rob Faulkner sobre o repertório do jazz, discutido em Becker e Faulkner 2006a, 2006b) que alguns instrumentistas de jazz são conhecidos por "saber um monte de músicas". Este é meu primeiro "tópico". Aí, como segundo tópico, no mesmo nível lógico do primeiro, ponho o título de um artigo de Dick Hyman, pianista experiente de jazz, chamado "150 melodias exemplares que todo mundo devia conhecer". Continuo acrescentando tópicos até notar que alguns convergem para uma ideia que posso apresentar como tópico maior – o valor moral que os músicos de jazz atribuem a conhecer um monte de músicas –, o qual sugere uma rubrica mais abrangente que conterá ambos, que por ora chamarei de "moral do repertório". Abro uma rubrica com esse nome e transfiro meus dois tópicos menores para lá, dentro do esquema geral.

Seguindo essa lógica, vários pontos específicos sobre nossas observações quanto às músicas que os instrumentistas escolhem para tocar em diferentes lugares se tornam subtópicos sob uma rubrica descrevendo como as exigências das sessões de jazz moldam o repertório. Isso me leva a listar outros exemplos que talvez queiramos comentar. Conforme continuo a criar tópicos e mudá-los de lugar, concluo que a maneira como os instrumentistas tocam músicas que nunca tocaram antes, mesmo sem nenhuma partitura na frente deles, realmente faz parte de uma rubrica maior sobre as habilidades necessárias para ser um efetivo instrumentista do tipo que estamos estudando. E desloco muitos tópicos menores sob aquela rubrica.

Enquanto estou mexendo nos tópicos, paro e desenvolvo algum deles, escrevendo um ou dois parágrafos para explicar o que quero dizer, num primeiro esboço que vou acertar depois. E isso me desperta para outra ideia e novos tópicos. E, continuando a acrescentar, mudar de lugar e desenvolver, crio um plano geral que mostra algum tipo de sentido provisório (e, se não mostrar, posso continuar a mudar os tópicos e os textos até conseguir). As conexões lógicas, que sinto que vão se aglutinando, fazem parte de um processo de análise que acabará produzindo o resultado final, aquele que publicaremos depois. E lembre que, quando chego a esse resultado ainda tosco, também tenho muitos trechos que entram nos tópicos do plano geral e que o que eu tinha a dizer nos textos curtos, incluídos no plano geral, por sua vez levaram a mais outros tópicos dentro desse esquema. A gente tem mais fluência nesse vaivém de tópicos e textos do que montando um plano geral e escrevendo depois o que ele sugere. Também é mais rápido do que você imaginaria, pois não perdemos tempo nenhum nos preocupando se tal ou tal tópico deve ficar aqui, em vez de estar ali. E, o mais importante aqui, nunca precisei pegar a tesoura e o durex para remendar e juntar numa versão final meus pensamentos avulsos. Sem redatilografar, sem nada daquele desgaste físico que poderia me forçar a deixar tudo para outro dia.

Velhas tarefas mais fáceis, novas tarefas agora possíveis

Músicas e imagens mais acessíveis (ou quase). Os computadores facilitam a vida das pessoas que podem aproveitar bem a inclusão em seus textos de materiais diferentes de uma impressão convencional. Fotos, desenhos, tabelas, gráficos estatísticos: tudo isso pode ser preparado por programas concebidos para tais tarefas, que então inserem no lugar que você quiser, eliminando o receio dos autores, às vezes justificado, de que um designer descuidado venha a confundir o significado pretendido; os designers, claro, muitas vezes têm ideias melhores sobre a forma de expressar visualmente o significado do que os autores, mas pelo menos estes agora podem deixar claro o que querem.

Se você escreve sobre música, sempre é útil ter exemplos musicais, em notação e gravação, para ajudar os leitores a entender o que você está falando. Agora você pode preparar as formas de notação musical e até incluir uma gravação de acompanhamento com relativa facilidade (não é tão fácil, mas é mais fácil do que seria sem o computador).

Infelizmente para os autores, surge uma nova dificuldade junto com essas maneiras mais fáceis de incluir tais materiais.

Os detentores dos direitos sobre as fotos, as obras de arte e as peças musicais agora se empenham mais em receber o que lhes é devido, e querem cada vez mais por partes cada vez menores da obra que você deseja reproduzir. Os editores preocupados com ações judiciais insistem que os autores comprovem claramente o direito de uso de qualquer coisa que incluam. Com isso, conseguir as autorizações de uso virou uma trabalheira infernal, que muitos preferem evitar. (Bielstein 2006 é um guia abrangente, em favor do autor, nessa confusão.) Se seu argumento não requer a reprodução de obras específicas, você pode criar suas próprias fotografias ou músicas para ilustrar os aspectos em questão, mas nem todo mundo que quer falar sobre arte é também capaz de criá-la. E você não pode criar obras cujo interesse histórico ou estético reside em sua autenticidade, isto é, em terem sido criadas não por você e sim por aquelas pessoas que você diz que as criaram.

Bibliografia. Agora ficou incrivelmente fácil reunir uma bibliografia enorme a respeito de qualquer tema sobre o qual você esteja escrevendo. Algumas googladas, uma interface de biblioteca, um programa que reúna essas informações como registros de uma base de dados permanente e depois os apresente em qualquer estilo que uma editora ou um periódico possa exigir: é só disso que você precisa para montar a revisão bibliográfica, que é uma exigência cada vez mais frequente, e é de fácil acesso, principalmente se a pessoa tiver acesso pelo computador a uma biblioteca universitária.

Você pode usar palavras-chave para pesquisar uma grande quantidade de registros, como um catálogo de biblioteca, descrevendo livros ou artigos. Pode procurar pelas palavras que constam nos títulos dos livros, nos resumos que costumam vir no começo dos artigos impressos ou na lista de palavras-chave que os periódicos geralmente pedem que os autores forneçam. Você monta uma lista só, talvez nem tendo lido todos os títulos, e acrescenta ao final de seu manuscrito, como apoio de sua "revisão bibliográfica", que tem se tornado cada vez mais um exercício ritual para "garantir que não deixou de fora nada que alguém possa achar que você deveria ter incluído".

Mas os computadores não trazem apenas vantagens na bibliografia. De um lado, facilitaram as coisas para os autores assoberbados; por outro lado, dificultaram as coisas para os leitores assoberbados. Como ficou mais fácil compilar longas listas de referências graças às buscas pelo computador, os autores incluem muito mais materiais do que os efetivamente relacionados com seus argumentos. Tenho um indicador simples que me mostra quando uma referência no texto é pouco importante e pode ser ignorada sem problemas. Se a citação no texto inclui páginas específicas – se menciona Becker 1986, p.136-9 – imagino que o texto indicado realmente diz algo pertinente sobre a questão tratada pelo autor. Mas se a menção se resume a Becker 1986, remetendo ao livro inteiro, tenho bastante segurança de que não vem ao caso e até desconfio que o autor nunca tenha chegado a ler Becker 1986 – apenas encontrou a referência numa pesquisa bibliográfica e achou prudente incluí-la. Afinal, não custa nada.

O que antes se destinava a ajudar os leitores acadêmicos que queriam saber onde ler mais sobre as ideias que os interessavam e fornecer uma maneira de conferir a precisão das citações e de outros materiais mencionados transformou-se num exercício ritual, em que o computador faz o serviço do qual o autor espera colher algum benefício. O leitor sofre com o texto sobrecarregado de citações que não têm utilidade e interferem no acompanhamento das ideias no trabalho.

O computador é uma grande ajuda, mas também é uma armadilha. Cuidado.

10. Uma palavra final

De 1986

A leitura deste livro não resolverá todos os seus problemas de redação. Dificilmente resolverá algum. Nenhum livro, nenhum autor, nenhum especialista – ninguém pode resolver seus problemas. Os problemas são seus. Você é que tem de se livrar deles.

Mas, das coisas que eu disse, você pode extrair algumas ideias de como resolvê-los ou, pelo menos, de começar a trabalhar neles. Por exemplo, para evitar a praga de tentar fazer tudo certo de primeira e, assim, simplesmente não escrever, pode adotar a sugestão de escrever qualquer coisa que lhe passe pela cabeça num primeiro rascunho. Se você acompanhou meus argumentos, já sabe que poderá corrigir mais tarde e, portanto, não precisa se preocupar com as falhas do rascunho inicial.

Você pode evitar o tom vago e empolado de uma escrita "com classe" repassando várias vezes o texto e eliminando as palavras que não funcionam. Pode pensar qual é o tipo de pessoa que você quer ser em seu texto e como a *persona* que adotar afetará a credibilidade de suas afirmações. Pode levar suas metáforas a sério e ver se ainda fazem sentido. Apenas prestando atenção, você pode obter controle sobre grande parte do que faz.

Eu poderia continuar, resumindo o que já disse. Mas você pode recuperar essas dicas com a mesma facilidade – sabendo, porém, que as dicas, como eu disse, não resolverão os problemas. Nada disso vai funcionar a menos que você adote essas sugestões como prática rotineira. Para aproveitar estas e quaisquer outras dicas, use-as, experimente-as em diversas circunstâncias nas várias tarefas na hora de escrever. Adapte-as às suas preferências, ao seu estilo, ao assunto e ao público-alvo. Você as leu, mas continuam a ser minhas. Enquanto você não se apropriar delas através do uso constante, estará apenas se esquivando do trabalho de mudar seus hábitos.

Isso sugere que a força de vontade e a dedicação ao trabalho dão resultado. Tentei evitar, mas essa moral *à la* Benjamin Franklin está presente em tudo o que falei. Em parte, é inegável: sem trabalho, nada acontece. Mas é um engano pensar que a dedicação ao trabalho é suficiente. Muitos cientistas sociais trabalham com grande afinco, mas realizam pouco. Você precisa também correr alguns riscos, mostrar seu texto a outras pessoas, ser aberto a críticas. Em termos imediatos, isso pode ser intimidador e até penoso. Mas as consequências de não fazer seu trabalho são de longo alcance e muito mais penosas.

Você não precisa começar escrevendo um livro. Escrever qualquer coisa – cartas, registros num diário, bilhetes – já vai ajudar a eliminar um pouco do perigo e do mistério da escrita. Escrevo um monte de cartas. Também escrevo bilhetes, para mim mesmo e para pessoas com quem trabalho ou partilho algum interesse. Examino esses documentos fortuitos, praticamente isentos de qualquer censura, em busca de ideias que não chegaram a ser plenamente formuladas, mas que talvez sejam interessantes, e em busca de algum início para coisas mais sérias.

Uma segunda lição deste livro, implícita em todos os capítulos e explícita na maioria deles, é que a escrita é uma atividade organizacional, em resposta às imposições, oportunidades ou incentivos que lhe são apresentados pela organização na qual você escreve. Assim, outra razão para que essas dicas talvez não aprimorem sua maneira de escrever é que a organização na qual você trabalha exija uma redação ruim. Vários cientistas sociais e outros acadêmicos insistem comigo que não conseguiriam que seus textos fossem aceitos por professores, periódicos e editoras se estivessem redigidos no estilo simples que defendo. (Ver a carta de Hummel e Foster ao editor sobre o Capítulo 1, citada anteriormente.) Não creio que seja uma verdade geral, mas sem dúvida pode ser verdade em certas ocasiões e em algumas organizações. Orwell acreditava que a pressão para ocultar as realidades políticas levava as autoridades e seus defensores a escrever de uma maneira que mais disfarçava do que comunicava. Alguns pensam que os acadêmicos operam sob restrições semelhantes, talvez não políticas, mas embutidas nos pressupostos operantes das áreas de estudo. Um amigo psicólogo me contou certa vez que o editor de uma importante revista especializada elogiou um artigo dele não muito convencional e acrescentou imediatamente: "Pelo amor de Deus, não mande para mim. Eu não me atreveria a publicá-lo, pois não está na forma correta!"

A organização social, se cria problemas, também contém os elementos para as soluções. Os acadêmicos deveriam, por exemplo, tentar algumas experiências antes de concluir que precisam fazer as coisas de uma maneira inferior a que seriam capazes. A disciplina pode conter os recursos necessários para fazer as coisas de outra maneira. Você pode descobrir se realmente precisa escrever mal tentando fazer de outra maneira e vendo o que acontece.

A organização social tem ainda outro modo de impedir que você faça essas experiências (normalmente) simples e seguras. As atividades padronizadas da vida acadêmica muitas vezes ocultam os apoios sociais que lhe permitem aproveitar as oportunidades. Com efeito, como Pamela Richards deixou claro ao descrever os riscos de escrever, é frequente que os acadêmicos se esforcem para prejudicar os colegas. Você não poderá aproveitar nenhuma das chances que sugeri, por modestas que sejam, se tiver boas razões para temer seus colegas em qualquer posição da hierarquia. Mas pode evitar essa situação se empenhando em construir redes de apoio mútuo. Como Richards também diz, se você achar que pode encontrar essas pessoas capazes de ajudá-lo, pode encarar os riscos e avaliar seus receios, deixando de lado os que podem ser superados.

Alguns consideram que minhas sugestões de reescrever de uma maneira que parece quase interminável são irrealistas ou desnecessariamente heroicas. Ninguém tem tanto tempo assim, dizem eles. Como você aguenta trabalhar tanto? Isso revela um grande equívoco. Ninguém fez os estudos meticulosos que provariam isso, mas tenho certeza de que os acadêmicos que escrevem dessa maneira levam menos tempo para redigir sete ou oito versões do que outras pessoas gastam numa versão só. Não é que tenham algum talento especial. É apenas a diferença entre querer ter tudo certo na cabeça já da primeira vez ou ir fazendo no papel ou no computador, arrumando umas coisinhas à medida que avança. E também não é que esses escritores tenham uma capacidade excepcional de suportar a ansiedade. Em vez de suportá-la, eles a evitam, começando pelo que é fácil de fazer e passando gradualmente para algo um pouco mais difícil. Esses passos progressivos de ir ajeitando as coisas reduzem o impacto das verdadeiras causas de ansiedade.

Por fim, aplique a grande mensagem libertadora da sociologia à sua própria situação acadêmica. Entenda que seus eventuais problemas não foram criados exclusivamente por você, não resultam de algum terrível defeito pessoal, mas estão embutidos na organização da vida acadêmica. Não precisa aumentar o problema culpando-se por algo que não foi você que fez.

Assim, polianamente, a moral da história é: *Tente!* Como certa vez me disse um amigo, o pior que pode acontecer é as pessoas acharem você um idiota. Podia ser pior.

Mais algumas palavras finais (2007)

Como dizem, antes era antes e agora é agora (e não será por muito tempo). Já falei várias vezes que nossos problemas em escrever são problemas que nascem dos cenários organizacionais em que trabalhamos e que a organização social não é imutável. Estava mudando quando escrevi a breve conclusão que você acabou de ler, e continua a mudar. De meu ponto de vista, e sem dúvida outros terão uma visão mais positiva, as mudanças não têm sido boas para nós, acadêmicos, e direi em algumas palavras finais o que penso que mudou e por que precisamos nos empenhar em vencer as coisas a que somos contrários hoje em dia.

Isso parece um tanto pesado e, assim, me apresso em dizer que continuo a sorrir a maior parte do tempo, ainda continuo a trabalhar. Mas não gosto do rumo que as coisas tomaram. Quando me formei em sociologia, eu costumava dizer a mim mesmo que, se a docência e a pesquisa dessem trabalho ou problema demais, podia voltar a tocar piano nos bares como meio de vida. Depois de algum tempo, isso virou bravata. Não teria como voltar àquela vida, pois ela tinha desaparecido. Os locais onde eu imaginava que poderia tocar haviam trocado suas pequenas bandas por uma grande tela de tevê, e os serviços que pensei que podia fazer haviam deixado de existir. A sociologia se mostrou uma área muito melhor para trabalhar e nunca lamentei a escolha.

Mas fico contente que minha carreira docente tenha se dado na época em que se deu. Tive o cuidado de nascer num ano que me levou a começar dar aulas em 1965, quando o número de estudantes ingressando na faculdade foi superior a qualquer previsão das reitorias. (Por que não viram que isso ia acontecer? Os demógrafos tinham avisado que essa geração estava a caminho.) De repente, os cursos de graduação e pós-graduação precisavam de professores, e com urgência. Até então eu vivia contente como "pesquisador folgado", pago para pesquisar e publicar, em vez de ensinar. Todos os meus amigos sentiam pena de mim, pois eu não tinha um emprego acadêmico, mas, quando veio a explosão universitária, eu já tinha dois livros e um bom tanto de artigos publicados, e de repente me quiseram para professor.

As matrículas na graduação dispararam. A quantidade de alunos em cursos de ciências sociais e a quantidade de livros que podiam ser vendidos a eles, também. A quantidade de estudantes de pós-graduação se preparando para dar aulas a todos aqueles graduandos também aumentou, bem como o mercado para as monografias de pesquisa que eles liam como parte de sua formação e, depois, ensinavam a seus próprios alunos. Sempre havia um monte de empregos nessa cidade universitária em franca explosão demográfica.

Com o aumento da quantidade de sociólogos, houve também o aumento da quantidade de entidades e periódicos de sociologia, representando diversas áreas de especialização e várias posições teóricas (ver a discussão em Becker e Rau 1992). Publicar nunca foi problema. Com todos aqueles novos periódicos em busca de artigos, havia vazão para os artigos de sociólogos de todas as tendências, famosos e ainda não famosos. E para livros também, quando novas editoras começaram a disputar originais não só de sociologia, mas de todas as ciências humanas.

Qualquer jovem da pós-graduação no novo milênio já viu que não é mais assim. Empregos são raros. A publicação, cuja principal função tinha sido divulgar as pesquisas e reflexões mais recentes numa área, adquiriu a nova responsabilidade indesejada de funcionar como parte do processo de decisão das universidades, quanto às pessoas que queriam contratar e dar estabilidade. Você conseguia uma vaga, especialmente uma "boa", e era promovido pelo que publicava – principalmente naqueles periódicos tidos por consenso como os "melhores".

Donald Campbell (1976, p.3) identificou um fenômeno que chamou de "corrompimento dos indicadores", que descreve com precisão o estado a que se chegou: "Quanto mais se usa algum indicador social quantitativo para a tomada social de decisões, mais sujeito ele estará a pressões corruptoras e mais capaz será de distorcer e corromper os processos sociais que deveria monitorar." Conforme o número de trabalhos publicados adquiria importância cada vez maior na carreira, os acadêmicos jovens se apressavam em publicar mais e mais artigos. Além disso, os departamentos passaram a se basear cada vez mais na "contagem de citações" (a quantidade de vezes em que seu artigo é citado em artigos alheios) para tomar decisões cruciais quanto ao corpo docente, o que faz com que as estratégias autorais afetem e corrompam esse indicador. Não tenho dados que provem essas ocorrências, mas descobri um pequeno fato curioso: o tamanho dos títulos dos artigos submetidos à *American Sociological Review* em 2002 tem, na média, doze palavras e traz listas de variáveis, especificações de locais de pesquisa e detalhes semelhantes, com que antes os autores não se preocupavam (Becker 2003b). A pesquisa de James Moody (2006) dá base a essa especulação, mostrando que nem sempre foi assim: o comprimento médio dos títulos dos artigos publicados nos principais periódicos sociológicos aumentou de oito para doze palavras entre 1963 e 1999. Suponho, sem provas, que esse aumento resulta da nova função do artigo, que agora não é tanto de leitura e sim de citação, para ser incluído na contagem de um índice de citações, cujas ocorrências justificariam um pedido de emprego ou de promoção. Aqui só posso especular, mas o título aumentou de tamanho porque os autores agora incluem mais detalhes sobre suas pesquisas – especificando fontes de dados, locais de pesquisa, métodos usados –, para que seus artigos apareçam em maior número de buscas bibliográficas automatizadas.

A disputa pelo pouco espaço, sobretudo nos "grandes" periódicos, a que os diretores e comissões de promoção e efetivação de seus quadros dão peso especial, tornou-se feroz. Levados a procedimentos burocráticos impessoais para avaliar as contribuições (Abbott 1999, p.138-92, conta a triste história), os periódicos insistem cada vez mais em apresentações rigidamente padronizadas, com extensas bibliografias e opressivas revisões bibliográficas das quais reclamei mais acima. Os acadêmicos em fases vulneráveis da carreira preferem, em sua maioria, optar pelo seguro, o que é muito compreensível, e escrevem artigos que apresentam as principais características daquilo que veem ao redor deles (características das quais já reclamei antes e sugeri maneiras de evitar).

Não há nenhum decreto oficial impondo essas características. Chegaram a essa situação como "aquilo que todos fazem" naturalmente, através das recomendações de múltiplos pareceristas e do processo circular em que os autores examinavam os periódicos para ver como devia ser um artigo apropriado e o imitavam, de modo que os artigos chegavam à mesa do editor com tais características no devido lugar. (Numa triste distorção de sua tarefa, os pareceristas às vezes faziam suas complexas críticas para reforçarem ainda mais sua fama de acadêmicos conhecedores e meticulosos.)

Decidi fazer uma pequena experiência. Queria testar a ideia de que as organizações sociais em que trabalhamos hoje em dia são muito menos abertas a variações nas maneiras de apresentar os dados e de escrever sobre o significado deles, muito mais insistentes nas fórmulas e formatos padronizados. Fiz uma pequena investigação, uma variante da que foi realizada por Anthony Trollope, o romancista britânico do século XIX que enviou um conto (usando pseudônimo) para uma revista britânica que, antes, ficara feliz em publicar seus trabalhos, como uma espécie de teste dos efeitos da fama na avaliação editorial. Com o pseudônimo, ele não se saiu tão bem como se usasse seu próprio nome, mais famoso; o editor devolveu o conto com uma nota de incentivo para continuar tentando (Trollope 1947, p.169-72). Ele chegou à conclusão de que o renome influía na avaliação editorial.

Minha intenção era ver, com minha variante do teste de Trollope, se as avaliações editoriais eram tão rígidas quanto eu temia, se havia realmente tanta insistência em soluções convencionais e padronizadas para os problemas de apresentar os dados e as ideias, que resultavam no conteúdo cada vez mais ilegível de que tantas pessoas reclamam. Um amigo, editor de um periódico importante, não acreditava que as coisas fossem tão ruins quanto eu dizia (e, você há de lembrar, como também disseram os críticos do primeiro capítulo deste livro, quando eu ainda não acreditava que fosse assim). Por sugestão dele, submeti um artigo à avaliação de seu periódico.

Eu havia publicado na França um artigo em francês (Becker 2001) sobre a solução estilística de Erving Goffman para o problema do viés que contamina nosso trabalho quando usamos a linguagem convencional da vida social, como está exemplificado em *Asylums* (Goffman 1961). Parecia-me um bom artigo, não uma grande revolução, mas útil, como também julgaram os organizadores do livro em que ele foi incluído. Meu amigo editor achou que servia e encaminhou o texto a três pareceristas. O resultado da experiência de Trollope não se repetiu. Os pareceristas adivinharam facilmente quem era o autor; ficava óbvio pelas várias referências pessoais. E eu estava testando outra ideia: não se o nome e a fama do autor faziam alguma diferença, mas se, apesar do nome, da fama e da avaliação favorável geral que eu esperava sem nenhuma modéstia, o predomínio dos procedimentos atuais impediria a publicação do artigo na forma levemente inconvencional em que então se encontrava.

Os pareceristas não me surpreenderam. Gostaria que tivessem me surpreendido, rejeitando ou aceitando o artigo pelo mérito de suas ideias e sua credibilidade. Consideraram que era um artigo interessante de um autor conhecido, que continha algumas ideias proveitosas. Mas... simplesmente não "se encaixava" no formato, no estilo, na missão do periódico. Por exemplo, não mencionava a "bibliografia sobre Goffman". Além disso, o estilo era informal demais, faltava-lhe o tom erudito e acadêmico. Eles estavam atendendo a algumas tendências bem-conhecidas dos comitês de supervisão e de outros representantes das organizações patrocinadoras que julgavam o trabalho dos editores e dos conselhos editoriais dos periódicos. Embora esses supervisores não questionem cada uma das decisões editoriais, de fato ouvem (e preveem) as reclamações de seus círculos de leitores. Quando um artigo não faz o que se tornou rotineiro fazer (como citar dezenas de artigos da bibliografia convencionalmente tida como pertinente ao tema), alguém vai reclamar e os editores aprendem a evitar tais reclamações. Essa tendência de autorreforço é uma força extremamente conservadora, que perpetua muitas práticas editoriais ruins.

Minha pequena experiência me demonstrou que, mesmo para um acadêmico conhecido, hoje em dia é difícil publicar nos melhores periódicos sem se sujeitar às condições estilísticas e bibliográficas. A organização das oportunidades de publicação mudou. O que antes era aceitável agora não é mais.

É uma conclusão pessimista, e devo retificá-la. Concluí a experiência enviando o mesmo artigo a outro periódico, *Sym-*

bolic Interaction (abrindo o jogo: eu tinha sido editor de lá antes), que aceitou e publicou o texto (Becker 2003a). Numa conclusão mais exata e menos pessimista, devido ao enorme aumento dos veículos de publicação que mencionei mais acima, você consegue publicar praticamente qualquer artigo, se estiver disposto a sair em periódicos que não sejam os "carros-chefe" da área. (Na verdade, quase ninguém publica mesmo nesses periódicos. A quantidade de artigos que eles lançam por ano simplesmente não é suficiente para conceder tal honra a muita gente.) Esse fato complementar da organização social significa que, quando você reclama de ter de fazer assim ou assado, apenas em parte é verdade.

A publicação em livro é muito mais aberta a variações estilísticas. Os editores e os assistentes que fazem grande parte do trabalho de encontrar livros com potencial de publicação têm públicos diversos e visam a diferentes fatias do mercado, e seus catálogos mostram a variedade de seus gostos e projetos. Procuram livros que interessem a muita gente, esperam eles, mas sobretudo àquele público que já fora atraído por suas publicações anteriores, pessoas com tal ou tal interesse específico. Também procuram livros informativos, obras acadêmicas de alta qualidade que sejam de fácil leitura. Baseiam-se, como os editores dos periódicos especializados, no parecer de pessoas da área que lhes digam se o trabalho atende aos critérios de qualidade na pesquisa e no domínio daquela especialidade. Querem que suas edições tragam prestígio à editora e rendam algum lucro ou pelo menos cubram os custos, e as comissões que supervisionam o trabalho das editoras acadêmicas não representam os modismos e interesses especializados apenas de alguma área em particular. Em decorrência disso, a publicação de livros é mais diversificada, mais aberta a variações do que podem admitir os periódicos da área.

Os diretores dos institutos que se baseiam nas listas das "duas principais publicações" em cada área para orientar suas decisões quanto ao corpo docente provavelmente não utilizam listas semelhantes das editoras. E, mesmo que todo o mundo de uma certa área tenha uma ideia do *ranking* das editoras e prefira ser publicado pelas "melhores", os livros (lançados por qualquer editora que seja) contam muito nas decisões de contratação e promoção, e assim os autores que encontram uma editora arrojada (e existem muitas) podem se arriscar mais à variedade estilística.

Os editores geralmente se preocupam menos com as sutilezas da meticulosidade acadêmica e mais com o gosto dos leitores. Não impõem aqueles tipos de regras que agora desfiguram os textos nos periódicos acadêmicos. Assim, os livros se tornam um veículo para materiais que não se encaixam nas exigências do formato padrão dos periódicos, como foi o caso de meu artigo sobre Goffman. (Este, na verdade, agora aparece como Capítulo 13 em Becker 2007.)

Por fim, as possibilidades de publicação eletrônica ainda estão por ser exploradas mais a sério. (Veja a discussão sobre a publicação "sob demanda" em Epstein 2006.) Mas já é possível criar seu próprio artigo ou livro, colocá-lo em seu site e disponibilizá-lo para o mundo todo. Ou usar um serviço de publicação on-line para ajudá-lo a produzir e distribuir seu livro. A autopublicação não traz a garantia de qualidade que há na publicação num periódico com pareceristas ou numa editora de prestígio. Mas muitos leitores já chegaram à conclusão de que os periódicos especializados não trazem a qualidade e o interesse prometidos pela garantia de usarem a avaliação por pares. Talvez seja otimismo demais de minha parte, mas sinto que já existem algumas formas bastante diferentes de divulgar o que pensamos saber, mesmo que ainda não tenhamos captado todo o seu potencial.

Essas possibilidades de evitar as imposições organizacionais que interferem no tipo de redação que queremos usar me fazem lembrar uma ocasião, quando fui falar para o corpo docente de uma pequena faculdade religiosa, que estava num retiro preparando-se para o próximo ano letivo. O diretor, que não me conhecia (eu estava substituindo um palestrante mais famoso, que havia cancelado a apresentação de última hora e me enviou em seu lugar), concluiu sua apresentação dizendo que tinha certeza de que o "dr. Becker lhes trará uma mensagem não só informativa, mas também inspiradora". Eu sabia que não poderia cumprir tal promessa, e por isso comecei dizendo que não me julgava capaz de ser inspirador, mas que tentaria transmitir alguma esperança ao final.

E foi isso o que tentei fazer. Boa sorte.

Referências bibliográficas

Abbott, Andrew (1999). *Department and Discipline: Chicago Sociology at One Hundred*. Chicago: University of Chicago Press.
Antin, David (1976). *Talking at the Boundaries*. Nova York: New Directions.
Arendt, Hannah (1969). "Introduction. Walter Benjamin: 1892-1940", in Walter Benjamin, *Illuminations*, p.1-59. Nova York: Schocken Books.
Bazerman, Charles (1981). "What Written Knowledge Does: Three Examples of Academic Discourse", *Philosophy of the Social Sciences* 11, n.3, p.361-87.
Becker, Howard S. (1963). *Outsiders: Studies in the Sociology of Deviance*. Glencoe: Free Press. [Ed.bras.: *Outsiders: Estudos de sociologia do desvio*. Rio de Janeiro: Zahar, 2008.]
_____ (1967). "History, Culture and Subjective Experience: An Exploration of the Social Bases of Drug-Induced Experiences", *Journal of Health and Social Behavior* 8, set., p.163-76.
_____ (1974). "Consciousness, Power and Drug Effects", *Journal of Psychedelic Drugs* 6, jan.-mar., p.67-76.
_____ (1980) [1951]. *Role and Career Problems of the Chicago School Teacher*. Nova York: Arno Press.
_____ (1982a). *Art Worlds*. Berkeley: University of California Press.
_____ (1982b). "Inside State Street: Photographs of Building Interiors by Kathleen Collins", *Chicago History* 11, verão, p.89-103.
_____ (2001). "La politique de la présentation: Goffman et les institutions totales", in Charles Amourous e Alain Blanc (orgs.), *Erving Goffman et les institutions totales*. Paris: L'Harmattan.
_____ (2003a). "The Politics of Presentation: Goffman and Total Institutions", *Symbolic Interaction* 26, n.4, p.659-69.
_____ (2003b). "Long-Term Changes in the Character of the Sociological Discipline: A Short Note on the Length of Titles of Articles Submitted to the *American Sociological Review* during the Year 2000", *American Sociological Review* 68, p.iii-v.
_____ (2007). *Telling About Society*. Chicago: University of Chicago Press. [Ed.bras.: *Falando da sociedade*. Rio de Janeiro: Zahar, 2009.]

_____ e James Carper (1956a). "The Elements of Identification with an Occupation", *American Sociological Review* 21, jun., p.341-8.

_____ (1956b). "The Development of Identification with an Occupation", *American Journal of Sociology* 61, jan; p.289-98.

_____ Blanche Geere e Everett C. Hughes (1968). *Making the Grade: The Academic Side of College Life*. Nova York: John Wiley and Sons.

_____ Blanche Geer, Everett C. Hughes e Anselm L. Strauss (1961). *Boys in White: Student Culture in Medical School*. Chicago: University of Chicago Press.

_____ Andrew C. Gordon e Robert K. LeBailly (1984). "Fieldwork with the Computer: Criteria for Assessing Systems", *Qualitative Sociology* 7, primavera/verão, p.16-33.

_____ e Robert R. Faulkner (2006a). "Le répertoire de jazz", in Jean-Philippe Uzel (org.), *Énonciation artistique et socialité*, p.243-48. Paris: L'Harmattan.

_____ (2006b). "'Do You Know...?' The Jazz Repertoire: An Overview", *Sociologie de L'Art*.

_____ e William C. Rau (1992). "Sociology in the Nineties", *Society* 30, p.70-4.

Bielstein, Susan M. (2006). *Permissions, A Survival Guide: Blunt Talk about Art as Intellectual Property*. Chicago: University of Chicago Press.

Berger, Bennett (1981). *The Survival of a Counterculture: Ideological Work and Everyday Life among Rural Communards*. Berkeley: University of California Press.

Bernstein, Theodore (1965). *The Careful Writer: A Modern Guide to English Usage*. Nova York: Atheneum.

Booth, Wayne (1979). *Critical Understanding: The Powers and Limits of Pluralism*. Chicago: University of Chicago Press.

Britton, James et al. (1975). *The Development of Writing Ability*. Londres: MacMillan.

Buckley, Walter (1966). "Appendix: A Methodological Note", in Thomas Scheff, *Being Mentally Ill*, p.201-5. Chicago: Aldine.

Bulmer, Martin (1984). *The Chicago School of Sociology: Institutionalization, Diversity, and the Rise of Sociological Research*. Chicago: University of Chicago Press.

Campbell, D.T. (1976). "Assessing the impact of planned social change", in G. Lyons (org.), *Social research and public policies: The Dartmouth/*

OECD Conference, p.3-45, 49. Dartmouth College Public Affairs Center. Disponível em: http://www.wmich.edu/evalctr/pubs/ops/ops08.pdf.

Campbell, Paul Newell (1975). "The *Personae* of Scientific Discourse", *Quarterly Journal of Speech* 61, dez., p.391-405.

Carey, James T. (1975). *Sociology and Public Affairs: The Chicago School*. Beverly Hills: Sage Publications.

Charlton, Joy (1983). *Secretaries and Bosses: The Social Organization of Office Work*. Tese de doutorado, Northwestern University.

Clifford, James (1983). "On Anthropological Authority", *Representations* 1, primavera, p.118-46.

Cowley, Malcolm (1956). "Sociological Habit Patterns in Transmogrification", *The Reporter* 20, 20 set., p.41s.

Davis, Murray S. "That's Interesting! Towards a Phenomenology of Sociology and a Sociology of Phenomenology", *Philosophy of the Social Sciences* 1, p.309-44.

Elbow, Peter (1981). *Writing with Power: Techniques for Mastering the Writing Process*. Nova York: Oxford University Press.

Epstein, Jason (2006). "Books@Google", *The New York Review of Books* 53, n.16.

Faris, Robert E.L. (1967). *Chicago Sociology: 1920-1932*. São Francisco: Chandler.

Fischer, David Hackett (1970). *Historians' Fallacies*. Nova York: Harper and Row.

Flower, Linda (1979). "Writer-Based Prose: A Cognitive Basis for Problems in Writing", *College English* 41, set., p.19-37.

_____ e John Hayes (1981). "A Cognitive Process Theory of Writing", *College Composition and Communication* 32, dez., p.365-87.

Follet, Wilson (1966). *Modern American Usage: A Guide*. Org. Jacques Barzun. Nova York: Hill and Wang.

Fowler, H.W. (1965). *A Dictionary of Modern English*. Org. Ernest Gowers. Nova York: Oxford University Press, 2ª ed.

Garfinkel, Harold (1967). *Studies in Ethnomethodology*. Englewood Cliffs, N.J.: Prentice-Hall.

Geertz, Clifford (1983). "Slide Show: Evans-Pritchard's African Transparencies", *Raritan* 3, outono, p.62-80.

Gerth, H.H. e C. Wright Mills (orgs.) (1946). *From Max Weber: Essays in Sociology*. Nova York: Oxford University Press.

Goffman, Erving (1952). "On Cooling the Mark Out: Some Aspects of Adaptation to Failure", *Psychiatry* 15, nov., p.451-63.

Gowers, Sir Ernest (1954). *The Complete Plain Words*. Baltimore: Penguin Books.

Gusfield, Joseph (1981). *The Culture of Public Problems: Drinking-Driving and the Symbolic Order*. Chicago: University of Chicago Press.

Hammond, Philip (org.) (1964). *Sociologists at Work*. Nova York: Basic Books.

Horowitz, Irving Louis (1969). *Sociological Self-Images: A Collective Portrait*. Beverly Hills: Sage Publications.

_____ (1975). "Head and Hand in Education: Vocalism versus Professionalism", *School Review* 83, mai., p.397-414.

Hughes, Everett C. (1971). "Dilemmas and Contradictions of Status", in *The Sociological Eye: Selected Papers*. Chicago: Aldine, p.141-50.

Hummel, Richard C. e Gary S. Foster (1984). "Reflections on Freshman English and Becker's Memoirs". *Sociological Quarterly* 25, verão, p.429-31.

Kidder, Tracy (1981). *The Soul of a New Machine*. Boston: Little, Brown and Company.

Kuhn, Thomas (1962) (2ª ed., 1970). *The Structure of Scientific Revolutions*. Chicago: University of Chicago Press.

Lakoff, George e Mark Johnson (1980). *Metaphors We Live By*. Chicago: University of Chicago Press.

Latour, Bruno (1983). "Give Me a Laboratory and I Will Raise the World", in Karin D. Knorr-Cetina e Michael Mulkay (orgs.), *Science Observed: Perspectives on the Social Study of Science*, p.141-70. Beverly Hills: Sage Publications.

_____ (1984). *Les microbes: guerre et paix*. Paris: A.M. Métailié.

_____ e Françoise Bastide (1983). "Essai de science-fabrication: mise en évidence experimentale du processus de construction de la réalité par l'application de méthodes socio-sémiotiques aux textes scientifiques", *Etudes Françaises* 19, outono, p.111-33.

_____ e Steve Woolgar (1979). *Laboratory Life: The Social Construction of Scientific Facts*. Beverly Hills: Sage Publications.

Lyman, Peter. "Reading, Writing, and Word Processing: Toward a Phenomenology of the Computer Age", *Qualitative Sociology* 7, primavera/verão, p.75-89.

McClosky, Donald N. (1983). "The Rhetoric of Economics", *Journal of Economic Literature* 21, jun., p.481-517.

_____ (s/d). "The Problem of Audience in Historical Economics: Rhetorical Thoughts on a Text by Robert Fogel". Artigo inédito.

Malinowski, Bronislaw (1948). *Magic, Science and Religion and Other Essays*. Garden City, NY: Doubleday & Company.

Merton, Robert K. (1969). "Foreword to a Preface for an Introduction to a Prolegomenon to a Discourse on a Certain Subject", *The American Sociologist* 4, mai., p.99.

_____(1972). "Sociology, Jargon, and Slangish", in R. Serge Denisoff (org.), *Sociology: Theories in Conflict*, p.52-8. Belmont, Ca.: Wadsworth.

Mills, C. Wright (1940). "Situated Actions and Vocabularies of Motive", *American Sociological Review* 5, p.904-13.

_____ (1959). *The Sociological Imagination*. Nova York: Oxford University Press.

Moody, James (2006). "Trends in Sociology Titles", *The American Sociologist* 37, p.77-80.

Moulin, Raymonde (1967). *Le marché de la peinture en France*. Paris: Les Editions de Minuit.

Neuberg, Matt (2006). "SlipBox: Scents and Sensibility", *Tidbits* 852, 23 out.

Nystrand, Martin (1982). *What Writers Know: The Language, Process, and Structure of Written Discourse*. Nova York: Academic Press.

Orwell, George (1954). "Politics and the English Language", in *A Collection of Essays*. Garden City, NY: Doubleday & Company, p.162-77.

Overington, Michael A. (1977). "The Scientific Community as Audience: Towards a Rhetorical Analysis of Science", *Philosophy and Rhetoric* 10, verão, p.143-64.

Perl, Sondra (1980). "Understanding Composing", *College Composition and Communication* 31, dez., p.363-9.

Perlis, Vivian (1974). *Charles Ives Remembered: An Oral History*. New Haven: Yale University Press.

Polya, George (1954). *Mathematics and Plausible Reasoning: Patterns of Plausible Inference*. Princeton: Princeton University Press, vol.2.

Rains, Prudence Mors (1971). *Becoming an Unwed Mother*. Chicago: Aldine.

Rose, Mike (1983). "Rigid Rules, Inflexible Plans, and the Stifling of Language: A Cognitivist Analysis of Writer's Block", *College Composition and Communication* 34, dez., p.389-401.

Rosenthal, Robert (1966). *Experimenter Effects in Behavioral Research*. Nova York: Appleton-Century-Crofts.

Schiacchi, Walter (1981). *The Process of Innovation: A Study in the Social Dynamics of Computing*. Tese de doutorado, Universidade da Califórnia, Irvine.

Schultz, John (1982). *Writing from Start to Finish*. Upper Montclair, NJ: Boynton/Cook Publishers.

Selvin, Hanan C. e Everett K. Wilson (1984). "On Sharpening Sociologists' Prose", *The Sociological Quarterly* 25, primavera, p.205-22.

Shaughnessy, Mina P. (1977). *Errors and Expectations: A Guide for the Teacher of Basic Writing*. Nova York: Oxford University Press.

Shaw, Harry (1975). *Dictionary of Problem Words and Expressions*. Nova York: McGraw-Hill.

Simmel, Georg (1950). *The Sociology of Georg Simmel*. Trad. Kurt Wolff. Glencoe: The Free Press.

Sternberg, David (1981). *How to Complete and Survive a Doctoral Dissertation*. Nova York: St. Martin's Press.

Stinchcombe, Arthur L. (1978). *Theoretical Methods in Social History*. Nova York: Academic Press.

_____ (1982). "Should Sociologists Forget Their Fathers and Mothers?", *The American Sociologist* 17, fev., p.2-11.

Strunk, William Jr. e E.B. White (1959). *The Elements of Style*. Nova York: Macmillan.

Stubbs, Michael (1980). *Language and Literacy: The Sociolinguistics of Reading and Writing*. Londres: Routledge & Kegan Paul.

Sutherland, J.A. (1976). *Victorian Novelists and Publishers*. Chicago: University of Chicago Press.

Trollope, Anthony (1947). *An Autobiography*. Berkeley/Los Angeles: University of California Press.

Waller, Willard (1932). *Sociology of Teaching*. Nova York: John Wiley and Sons.

Weber, Max (1946). *From Max Weber: Essays in Sociology*. Trad. e org. H.H. Gerth e C. Wright Mills. Nova York: Oxford University Press.

Whyte, William Foote (1943). *Street Corner Society*. Chicago: University of Chicago Press. [Ed.bras.: *Sociedade de esquina*. Rio de Janeiro: Zahar, 2005.]

Williams, Joseph M. (1981). *Style: Ten Lessons in Clarity and Grace*. Glenview: Scott, Foresman.

Zinsser, William (1980). *On Writing Well: An Informal Guide to Writing Nonfiction*. Nova York: Harper and Row.

_____ (1983). *Writing with a Word Processor*. Nova York: Harper and Row.

Índice remissivo

Abbey Theatre, 144
Abbott, Andrew, 237, 243
ação, problema da, 28-9, 124-6
Addelson, Kathryn Pyne, 19, 121
Aldine Publishing Co., 139
Allen, Woody, 43
American Journal of Sociology, 55, 131, 135, 148
American Sociological Review, 135, 137, 175, 236
amigos como leitores, 46-7, 159-62
ansiedade, 178-81
Antin, David, 142, 243
Arendt, Hannah, 195
armazenagem e busca, 217-20
Arneson, Robert, 148
Associação Americana de Sociologia, 14, 49, 135, 145, 153, 186
atividade física, escrita como, 201-6

Barnes, Grant, 148
Bastide, Françoise, 38, 63, 197
Bazerman, Charles, 38
Becker, Howard, 3, 12, 29, 38, 47, 55, 68, 69, 72, 75, 79, 95, 105, 107, 199, 216, 220, 223, 227, 235, 236, 238, 240, 241, 242
beletrismo, 28-9
Benjamin, Walter, 195
Bennett, James, 19
Benney, Mark, 130
Berger, Bennett, 97, 99
Berger, Peter, 65
Bernstein, Theodore, 58
bibliografia, 226-8
bibliografia acadêmica, 182-99; eficiência de uso, 189-95; pressão, 195-9
Blumer, Herbert, 134

Booth, Wayne, 31
Buckley, Walter, 93-4
Bulmer, Martin, 134

Campbell, Donald, 235
Campbell, Paul Newell, 57
Capote, Truman, 204
Carey, James T., 134
Carper, James, 55, 131
causalidade, 29-30
Charlton, Joy, 85, 203
Chicago, escola de sociologia, 134, 136, 137, 182
Chicago, Universidade de, 129, 130, 134, 148
ciência "normal", 187-8
Clark, James, 19
"classe" para escrever, 53-60, 67-9, 115-6
clássicos de sociologia, 184-7
Clifford, James, 61, 62, 64
colegas, 46-7, 153-4, 154-8, 168-9
começando, 78-88
começo, 162
começos de histórias de detetives, 81-2
composição, livros, 11-6
computadores, 165-6, 200-28
confiança, 159-62, 182-3
contagem de citações, 235-6
corrompimento dos indicadores, 235-6
Cowley, Malcolm, 21

Davis, Murray S., 189
desenho, 219-21
Dewey, John, 169
Dixon, Dan, 19

Índice remissivo

Durkheim, Émile, 14, 40, 41, 91, 182-4, 186, 189

edição de texto e copidesque, 26-7, 34-6, 51-2, 101-27; de livros, 139-40; de periódicos, 134-8, 139; exemplos, 108-12; vantagens, 113-5
editores, 240-2
Elbow, Peter, 15, 18, 84
Elkin, Frederick, 140
"Entrevistas com escritores" da *Paris Review*, 22
escolas de pensamento, 65-6
escrita por livre associação, 84-5
esfera privada da escrita, 42-6, 73-4
estudantes de graduação, 13-4
explosão universitária, 234-6

Faris, Robert E.L., 134
Faulkner, Robert R., 223
fichas perfuradas, 218-9
finalização, 165-81
Fischer, David Hackett, 179
Flórida, Universidade da, 150
Flower, Linda, 15, 35-8, 41, 86, 87
Follet, Wilson, 58
Foster, Gary S., 70, 231
fotografias, prática, 146-7
Fowler, H.J., 58
fragmentos, uso, 91-3
Frank, Robert, 111-2

Garfinkel, Harold, 65, 102
Geer, Blanche, 19, 47, 72, 75, 90, 95, 132
Geertz, Clifford, 64
Gerth, H.H., 193
Goffman, Erving, 122, 123, 176, 182, 183, 238, 239, 241
Gordon, Andrew C., 216, 220
gosto, 102, 103-6, 185-6
Gowers, sir Ernest, 14
gramática, regras, 101-6
grupo de projetos, 45-6
Gundlach, Robert, 19
Gusfield, Joseph, 37, 63

Hall, Oswald, 140
Hammond, Philip, 128
Hayes, John R., 15, 36, 41, 87
hegemonia ideológica, 196-7
Hellman, Lillian, 154, 163, 164
Hertz, Rosanna, 19, 51, 62, 150, 152
heurística, 103-4, 105-6
hierarquia, 54, 74-6, 232
histórias, 146-8
Horowitz, Irving Louis, 128, 202
Hughes, Everett C., 47, 72, 75, 80, 95, 130-4, 144, 169, 174, 190-2
Hughes, Helen McGill, 131
Hume, David, 30
Hummel, Richard C., 70, 221
Hyman, Dick, 223

ignorância pluralista, 45
ilustrações, 148-9
interacionismo simbólico, 30-1, 64-5; *ver também* Chicago, escola de sociologia
introduções, 80-3; *ver também* começo
Ives, Charles, 167, 170

Jencks, Christopher, 19
Johnson, Mark, 126-7
Joyce, James, 169
Joyce, Michael, 19

Kidder, Tracy, 165
Kuhn, Thomas, 73, 175, 185, 187, 189, 196

Lakoff, George, 126
Latour, Bruno, 38, 63, 73, 194, 197
LeBailly, Robert K., 216, 220
Lessing, Doris, 192
Levine, Sheila, 19
Litwak, Leo, 19
Luckman, Thomas, 65

Malinowski, Bronislaw, 23, 61, 62
Marx, Karl, 14, 40, 41, 65-6, 79, 115, 136, 183, 185

McCall, Michael, 19
McCloskey, Donald N., 19, 64
Mead, George Herbert, 115, 169, 183
medo: de caos, 24-5, 85-7; do ridículo, 24-5, 156-8
Merton, Robert K., 16, 19, 21
metáforas, 120-7, 229
Meyer, Arline, 19
Midwest Sociological Society, 19, 176
Mill, John Stuart, 30
Mills, C. Wright, 8, 14, 26, 40, 57, 171, 193
módulos teóricos, 192-4, 213
Molotch, Harvey, 19, 76
Moody, James, 236
moralismo, 169, 171
Morin, Alexander, 139
motivos, vocabulário de, 171-2, 211
Moulin, Raymonde, 194
mundos acadêmicos, 170-6
música e imagens, acréscimo ao texto, 225-6

Neuberg, Matt, 219
Northwestern University, 13, 133, 150, 200

obscenidade, 101-2, 140-1
organização dos tópicos, 87-100, 147-8
organização social, 15-6, 169-71, 173-6
origem deste livro, 11-2
Orwell, George, 37, 231

Park, Robert E., 134
Parsons, Talcott, 26
pensar ao escrever, 35-6, 39-40
periódicos, 44, 49, 68, 69, 74, 105, 129, 135-8, 152, 155
Perlis, Vivian, 167
personae, 51-70; adoção por imitação, 64-6; afáveis, 62-4; antropológicas, 61-2; "com classe", 53-9; de autoridade, 61-3; "estar por dentro", 60-1
plano geral, 36, 39, 79, 81, 87, 220-4

Polya, George, 189
Pope, Whitney, 184
prazos, 44-5, 174-6
preencher espaços, 115-6, 119-20
preliminares da escrita, 21-6
premiação, sistemas de, 72
problemas, discussão aberta de, 96-100
produto acabado, 25-6
profissionalização, 66-70, 128-49, 154-6, 161-2, 185-7
programas de processamento de texto, 204-9
publicação, efeito na carreira, 235-6, 240-1
publicação: experiência do autor, 237-40; on-line, 241-2; oportunidades, 235-42
públicos, 41-2, 168-9

qualificações, 31-2

Rains, Prudence Mors, 82-3
rascunho vomitado, 85-6, 150-1
rascunhos, 35-6, 40-2, 155-8
Rau, William C., 235
Rawls, John, 170
Redfield, Robert, 134
redundância, 28, 36, 51, 115-7, 139
reescrita, 71-4; *ver também* edição de texto e copidesque
relação, 119-20
repetição, 117-8
retórica, 38
Richards, Pamela, 17, 19, 84, 128, 150, 164, 179, 232
Riesman, David, 60, 130
risco, 153-64
rituais mágicos, 23-4, 29-31, 39-40, 67-8, 183-4
Rodia, Simon, 147
Rose, Mike, 37, 102, 103
Rosenthal, Robert, 97
rotinas de escrita, as minhas, 141-5

Scheff, Thomas, 93
Schiacchi, Walter, 214
Schudson, Michael, 19, 31, 189
Schultz, John, 15
seções descritivas, 95
Selvin, Hanan C., 16
Shaughnessy, Mina P., 15, 16, 18, 32, 73
Shaw, Harry, 58
Simmel, Georg, 185, 193
sintaxe, 118-20
Social Problems, 135-8
Society for the Study of Social Problems [Sociedade para o Estudo de Problemas Sociais], 135
sociologia do conhecimento, 97-9
status, características principais, 190-3
Sternberg, David, 18
Stinchcombe, Arthur, 66, 138, 184-6, 189, 192
Strunk, William Jr., 14, 58
Sutherland, J.A., 177

Tartar, Helen, 114
temas de tese, 85-6
teoria: da escrita como atividade, 37-41; da organização social da escrita, 41-7
teoria da rotulação, 29, 190-2

testes, 71-4
títulos, comprimento, 211-3
trabalhos de semestre, 32-3, 42-3
Trollope, Anthony, 147, 177, 237, 238

Velho, Gilberto, 19, 31
Veyne, Paul, 186
vocabulário codificado, 65-6
voz ativa, 114-6

Waller, Willard, 193, 194
Walton, John, 19, 66, 67
Warner, W. Lloyd, 79
Watts Towers, 147
Weber, Max, 14, 40, 91, 183, 186, 193
Weiner, Lee, 133
Weston, Edward, 148
White, E.B., 14, 58
Whyte, William Foote, 62, 140
Williams, Joseph M., 14, 19, 58, 73, 86, 121
Wilson, Everett K., 16
Wirth, Louis, 134, 182, 183
Wittgenstein, Ludwig, 65, 203
Woolgar, Steve, 63

Yankel, Chaim, 183, 186

Zinsser, William, 14, 205, 214

Coleção
ANTROPOLOGIA SOCIAL

- O Riso e o Risível
  Verena Alberti

- Falando da Sociedade
- Outsiders
- Segredos e Truques da Pesquisa
- Truques da Escrita
  Howard S. Becker

- Antropologia Cultural
  Franz Boas

- O Espírito Militar
- Os Militares e a República
  Celso Castro

- Bruxaria, Oráculos e Magia entre os Azande
  E.E. Evans-Pritchard

- Nova Luz sobre a Antropologia
  Clifford Geertz

- O Cotidiano da Política
  Karina Kuschnir

- Cultura: um Conceito Antropológico
  Roque de Barros Laraia

- Guerra de Orixá
  Yvonne Maggie

- Evolucionismo Cultural
  L.H. Morgan, E.B. Tylor, J.G. Frazer

- A Invenção de Copacabana
- De Olho na Rua
  Julia O'Donnell

- A Teoria Vivida
  Mariza Peirano

- Cultura e Razão Prática
- História e Cultura
- Ilhas de História
- Metáforas Históricas e Realidades Míticas
  Marshall Sahlins

- Antropologia Urbana
- Um Antropólogo na Cidade
- Desvio e Divergência
- Individualismo e Cultura
- Projeto e Metamorfose
- Rio de Janeiro: Cultura, Política e Conflito
- Subjetividade e Sociedade
- A Utopia Urbana
  Gilberto Velho

- Pesquisas Urbanas
  Gilberto Velho e
  Karina Kuschnir

- O Mistério do Samba
- O Mundo Funk Carioca
  Hermano Vianna

- Sociedade de Esquina
  William Foote Whyte

1ª EDIÇÃO [2015] 7 reimpressões

ESTA OBRA FOI COMPOSTA POR MARI TABOADA EM
DANTE PRO E IMPRESSA EM OFSETE PELA GRÁFICA BARTIRA
SOBRE PAPEL PÓLEN NATURAL DA SUZANO S.A. PARA
A EDITORA SCHWARCZ EM AGOSTO DE 2023

A marca FSC® é a garantia de que a madeira utilizada na fabricação do papel deste livro provém de florestas que foram gerenciadas de maneira ambientalmente correta, socialmente justa e economicamente viável, além de outras fontes de origem controlada.